社会保険改革

ドイツの経験と新たな視点

今日、社会保険は社会経済の構造変化がもたらす様々な課題に直面している。これらに対応するためドイツの社会保険改革をとおして、固定的な観念にとらわれず柔軟な発想のもとで社会保険を考える新たな視点を提示する。

著者―松本勝明

旬報社

はしがき

　日本においては，疾病，老齢，障害，要介護などのリスクに対する社会的な保障を行う社会保険の制度が設けられている。社会保険は，人々が健やかに安心して生活を送るための重要な基盤となる社会保障において中心的な役割を担っている。今日，社会保険は，人口の高齢化，経済・雇用情勢の変化，急速な技術進歩，国際的な競争の進展などの社会経済の構造変化がもたらす様々な課題に直面している。これらの課題に適切に対応することは，社会保険が将来にわたって期待される役割を果たしていくために欠かせないものとなっている。

　1883年にドイツで世界初の社会保険として医療保険が成立して以来，社会保険は様々な国で導入され，発展を遂げてきた。その間，社会保険については，その時々の社会経済情勢の変化に対応した様々な改革が行われてきた。特に，近年はドイツなどの国において広範な分野を対象としてこれまでの社会保険の構造の根本的な変更を伴う改革が行われていることが注目される。そのなかでは，民間保険との比較において社会保険を特徴づけると考えられてきた基本原則のあり方にかかわる議論や改革が行われている。

　本書の目的は，現行制度を前提とした社会保険についての固定的な観念にとらわれず，柔軟な発想のもとで新たな時代にふさわしい社会保険の姿を考える視点を示すことにある。このため，本書では，主にドイツの社会保険を取り上げ，その改革をめぐる議論や実施された改革について検討することを通じて，社会保険の基本原則や経済社会の構造変化に対応した社会保険の改革について考える新たな視点を提起する。

　本書の構成は次のようになっている。第1章から第4章までにおいては，社会保険の組織・構造・機能に関する問題を取り上げ，皆保険・皆年金と連帯，社会保険と民間保険との収斂，社会保険への民間保険会社

の参入および社会保険における選択と競争についての検討を行っている。次に，第5章から第7章までにおいては，社会保険の財政に関する問題を取り上げ，税財源投入の考え方，社会保険料に係る基本原則の変更および子の養育に配慮した社会保険料について検討している。さらに，第8章から第10章までにおいては，経済・雇用情勢などの変化による影響を取り上げ，非正規労働者・自営業者の増加への対応，社会保険と最低生活保障との関係および国際的な経済連携の推進が社会保険に及ぼす影響についての検討を行っている。それぞれの章は独立した内容となっているので，本書は第1章から通読していただくことも，特に関心のある章からお読みいただくことも可能である。なお，既発表の論文をベースとする章についても，本書の目的や構成に適合したものとするため，内容の全体的な見直しを行うとともに，その後の状況の変化などに応じた内容の追加・修正を行った。

　本書の研究は，ドイツの社会保険などに関する文献研究および現地でのヒアリング調査により行った。これらの調査研究の実施に当たっては，大学および研究機関の研究者，保険者団体など関係団体の専門家などから多大なご協力をいただいた。なかでも，マックス・プランク社会法・社会政策研究所所長のベッカー教授には，同研究所での研究の機会をいただくとともに，本書の研究に関して様々なご助言，ご協力をいただいた。また，同研究所前所長のフォン・マイデル教授からは，社会保険に関する研究に関して幅広い見識に基づく貴重なご助言をいただいた。さらに，医療経済研究所所長のノイバウアー教授には，医療保険の改革に関する重要な情報を提供していただいた。この場を借りて，改めて皆様方に厚く御礼申し上げたい。

　本書は，厚生労働科学研究費補助金の助成を受けて実施した「諸外国における医療制度改革と日本への適用可能性に関する研究」（H24-政策-一般-008，研究代表者：松本勝明），ならびに科学研究費の助成を受けて実施している「医療保険制度における選択と競争に関する研究」（JSPS

科研費 JP16K04171，研究代表者：松本勝明）および「持続可能な社会保障制度構築のための病院等施設サービス機能に関する総体的比較研究」（JSPS 科研費 JP15H01920，研究代表者：加藤智章）などによる成果に基づいている。

　最後になったが，出版事情の厳しいなか本書の出版を快くお引き受けいただいた旬報社の木内洋育社長に重ねて感謝の意を表したい。

　2017 年 1 月

松本勝明

社会保険改革　目次

はしがき　3

第1章　皆保険・皆年金と連帯　11
　1．社会保険加入義務に関する現状　13
　　（1）　疾病現物給付　14
　　（2）　老齢給付（老齢年金）　16
　　（3）　皆保険・皆年金　17
　2．スイスおよびオランダにおける皆保険・皆年金　17
　　（1）　皆保険　18
　　（2）　皆年金　25
　3．ドイツ社会保険の加入義務　30
　4．考察　32

第2章　社会保険と民間保険の収斂　35
　1．公的医療保険の特徴　37
　2．民間医療保険の特徴　40
　3．公私医療保険の重要な相違点　45
　4．公的医療保険における選択と競争の拡大　47
　　（1）　疾病金庫選択権の拡大　47
　　（2）　選択タリフの拡充　49
　　（3）　選択的契約の導入　50
　　（4）　公的医療保険の民間医療保険への接近　50
　5．民間医療保険への公的関与の拡大　51
　　（1）　民間医療保険契約の締結義務　52
　　（2）　基本タリフ　53
　　（3）　民間医療保険の公的医療保険への接近　54
　6．考察　55

第3章　民間保険会社の参入　59
1. 公私医療保険の保険者　61
2. 二元的医療保険システムの問題点　62
3. オランダにおける改革　64
4. ドイツにおける提案　68
   (1) 国民保険の提案　68
   (2) 統一的な医療保険システムの保険者　70
5. 考察　74

第4章　社会保険における選択と競争　77
1. 社会保険における競争　79
2. 公的医療保険における三者関係と競争　81
3. ドイツの公的医療保険における保険者間の競争　83
   (1) 疾病金庫選択権の拡大　83
   (2) リスク構造調整の導入　85
   (3) 疾病金庫組織の改革　86
   (4) 意義　86
4. 給付に関する選択と競争の拡大　87
   (1) 選択タリフおよび追加給付　88
   (2) 選択的契約　91
5. 評価と展望　94
   (1) 保険料に関する競争　94
   (2) 給付に関する競争　98
6. まとめ　99

第5章　税財源投入の考え方　101
1. 財源の状況　103
   (1) 社会保護の財源　103
   (2) 社会保険の財源　106
2. 社会保険の財源に関する制度　108

3. 近年における改正　109
    (1) 年金保険　110
    (2) 医療保険　111
    (3) 失業保険　112
  4. 財源見直しに関する議論　112
    (1) 「誤った財源調達」の考え方　113
    (2) 「誤った財源調達」の規模　115
    (3) 是正の方法と効果　119
  5. 考察　121

第6章　社会保険料に係る基本原則の変更　125
  1. 従来の制度とその問題点　127
    (1) 従来の制度　127
    (2) 問題点　128
  2. 問題解決のための提案　130
    (1) 二つの提案　130
    (2) 両提案の相違とその原因　133
  3. 実施された改革　135
    (1) 「所得に応じた保険料」および「労使折半負担」原則の変更　135
    (2) 一般保険料率と追加保険料の導入　136
    (3) 一般保険料率の法定化と追加保険料制度の変更　138
    (4) 一般保険料率の引き下げと追加保険料制度の再変更　139
  4. 考察　140

第7章　子の養育に配慮した社会保険料　143
  1. 介護保険料等に関する制度　145
    (1) 保険料算定　145
    (2) 給付　146
  2. 連邦憲法裁判所決定の概要　147
    (1) 憲法異議の要旨　147

(2)　連邦政府等の意見　148
　　(3)　連邦憲法裁判所の判断　150
　　(4)　是正措置　154
　3.　2001 年決定についての検討　154
　　(1)　子の養育についての基本的考え方　154
　　(2)　連邦憲法裁判所による従前の決定との関係　155
　　(3)　介護保険財政システムの評価　157
　　(4)　保険料算定における公平　158
　　(5)　介護保険制度内部での調整　159
　4.　2001 年決定の実施状況　161
　　(1)　介護保険における対応　161
　　(2)　他の社会保険における対応　162
　5.　まとめ　163

第 8 章　非正規労働者の増加などへの対応　165

　1.　就労形態の多様化　167
　2.　社会保険への影響　169
　3.　僅少労働に関する改革　171
　　(1)　1999 年の改正　171
　　(2)　2003 年の改正　176
　　(3)　2006 年の改正　180
　　(4)　2013 年の改正　181
　4.　自営業に関する改正　182
　　(1)　見かけ上の自営業者　182
　　(2)　被用者に類似した自営業者　183
　5.　考察　184

第 9 章　社会保険と最低生活保障　189

　1.　高齢者の所得状況　191
　2.　問題点　196

3. 基礎保障の導入　199
   4. 考察　202

第10章　国際的な経済連携による影響　205
   1. 保健医療政策に関する権限　207
   2. 基本的自由と公的医療保険　209
     （1）　労働者の自由移動　209
     （2）　物およびサービスの自由移動　212
     （3）　開業の自由　216
   3. 競争と公的医療保険　219
   4. 公共発注と公的医療保険　222
   5. 社会保険への影響　223

むすび　225
引用文献　228
初出一覧　235
事項索引　236

第 1 章
皆保険・皆年金と連帯

医療保険および年金保険に関して皆保険・皆年金の考え方がとられていることは，日本の社会保険が有する最も重要な特徴の一つとなっている。皆保険・皆年金となっている国は日本以外にも存在するが，その目的には大きな違いがみられる。この章では，皆保険・皆年金について国際比較の視点から考察することにより，皆保険・皆年金が社会保険における連帯にとってどのような意義を有しているのかを明らかにする。

　比較の対象は基本的に旧東欧諸国を除くヨーロッパ諸国とする。その理由としては，ヨーロッパにおいては 100 年以上に及ぶ社会保険の歴史があること，各国の医療保険および年金保険に関する制度には様々な違いが存在すること，さらには，EU（欧州連合）および各国政府ならびに大学等の研究機関により社会保障制度に関する国際比較が活発に行われ，豊富な議論の蓄積があることが挙げられる。

1. 社会保険加入義務に関する現状

　はじめに，EU の社会保護相互情報システム（Mutual Information System on Social Protection〈MISSOC〉）による情報を用いて，社会保険への加入義務に関するヨーロッパ諸国の現状を把握する。MISSOC は，EU の執行機関である欧州委員会（European Commission）の雇用・社会・統合総局により構築されたものであり[1]，EU 加盟国および EFTA（欧州自由貿易連合）加盟国の社会保護に関する継続的・包括的な情報交換を可能にしている。現在では，その対象国は欧州 32 ヵ国（EU 加盟 28 ヵ国および EFTA 加盟 4 ヵ国）にまで拡大している。MISSOC は比較対象国の政府から提供された公式の情報に基づいている。

　MISSOC の提供する情報は，社会保護の各分野における財政，組織，

---

[1] このシステムのために，欧州委員会の担当部局は，加盟国における社会保障各分野の担当省庁・機関の代表者および欧州委員会が任命した事務局と共同作業を行っている。

基本原理,給付などに関するものに及んでいる。MISSOCより,対象国における社会保護の主要分野および財政に関する情報が12の表に整理されて公表されている[2]。このうち,社会保護の財政に関する表からは,疾病現物給付や老齢給付の費用がどのように賄われているかがわかる。また,疾病現物給付制度に関する表および老齢給付制度に関する表からは,各国の疾病現物給付制度および老齢給付制度の対象者の範囲がわかる。

以下においては,2004年にEUの加盟国が旧東欧諸国にまで拡大される前からのEU加盟15ヵ国(EU15)[3],ならびにEFTA加盟国[4]における疾病現物給付および老齢給付に関する制度の対象者の範囲および財源をMISSOCの情報に基づいて比較する。

(1) 疾病現物給付

全居住者を対象とする,または全居住者に加入義務を課す疾病現物給付制度が存在する国は,スイス,デンマーク,フランス[5],アイスランド,アイルランド,リヒテンシュタイン,オランダ,ノルウェー,ポルトガル,フィンランド,スウェーデンおよびイギリスの12ヵ国である(表1-1)。

この12ヵ国のうちデンマーク,アイスランド,アイルランド,ノルウェー,ポルトガル,フィンランド,スウェーデンおよびイギリスの8ヵ国では疾病現物給付の費用の全部または大部分が税により賄われている。また,スイス,フランス,リヒテンシュタインおよびオランダの4ヵ

---

2) MISSOCの比較表は,欧州委員会ホームページ (http://www.ec.europa.eu) において公表されている。
3) ベルギー,デンマーク,ドイツ,ギリシア,スペイン,フランス,アイルランド,イタリア,ルクセンブルク,オランダ,オーストリア,ポルトガル,フィンランド,スウェーデンおよびイギリスの15ヵ国である。
4) アイスランド,リヒテンシュタイン,ノルウェーおよびスイスの4ヵ国である。
5) フランスの医療保険制度のように医療に要した費用の償還を行う給付も「疾病現物給付」に含められている。

表 1-1　各国の状況

国	疾病現物給付		老齢給付	
	強制被保険者（対象者）	財源	強制被保険者（対象者）	財源
ベルギー	被用者，年金受給者，失業者など	保険料，税	被用者，自営業者	保険料，税
スイス	全居住者	保険料，税	全居住者	保険料，税
デンマーク	全居住者	税	全居住者	税
ドイツ	被用者，年金受給者，失業者など	保険料，税	被用者，特定の自営業者	保険料，税
ギリシア	被用者，年金受給者，失業者など	保険料，税	被用者など	保険料，税
スペイン	被用者，年金受給者，失業者など	税	被用者，自営業者	保険料，税
フランス	全居住者	保険料，税	被用者，自営業者	保険料，税
アイスランド	全居住者	税	全居住者	税，保険料
アイルランド	全国民	税	16歳以上の被用者，16歳から66歳までの自営業者	保険料
イタリア	全居住者	税	被用者など	保険料，税
リヒテンシュタイン	全居住者	保険料，税	全居住者	保険料，税
ルクセンブルク	被用者，自営業者，年金受給者など	保険料，税	被用者，自営業者	保険料，税
オランダ	全居住者	主に税	65歳までの全居住者	保険料，税
ノルウェー	全居住者	保険料，税	16歳以上の全居住者	保険料，税
オーストリア	被用者，年金受給者，失業者など	税	被用者など	保険料，税
ポルトガル	全居住者	税	被用者，自営業者	税
フィンランド	全居住者	税	15歳から65歳までの全居住者	保険料，税
スウェーデン	全居住者	税	全居住者	保険料，税
イギリス	全居住者	税	被用者，自営業者	保険料

注：網掛けは，「強制被保険者（対象者）」が全居住者の国及び財源が保険料と税の国を示している。
出典：MISSOC の情報（2016年1月現在）をもとに筆者作成。

国では,保険料を財源とする社会保険[6]により疾病現物給付が行われている。

なお,ベルギー,ドイツ,ギリシア,ルクセンブルクおよびオーストリアでも,社会保険により疾病現物給付が行われているが,すべての居住者をその被保険者としているわけではない。ただし,これらの国においても,被保険者には,被用者だけでなく,年金受給者,失業者,自営業者などが含まれている。この場合の自営業者に関しては,ドイツのように特定の自営業者(芸術家,著述家など)のみを対象とする国もあれば,ルクセンブルクのようにすべての自営業者を対象とする国もある。

(2) 老齢給付(老齢年金)

全居住者に加入義務を課す老齢給付制度[7]が存在する国は,スイス,デンマーク,アイスランド,リヒテンシュタインおよびスウェーデンの5ヵ国である。このほかにも,オランダでは65歳までの全居住者,ノルウェーでは16歳以上の全居住者,フィンランドでは16歳から65歳までの全居住者に加入義務を課す老齢給付制度が存在する(表1-1)。

この両者を併せた8ヵ国以外の国においても,被用者だけでなく自営業者にも加入義務を課す老齢給付制度が存在する。この場合の自営業者に関しても,ドイツのように一定範囲の者(手工業者,芸術家,著述家など)だけを含む国もあれば,ベルギーのようにすべての自営業者を含む国もある。

なお,この8ヵ国においてそれぞれの制度から給付されるのは,スイス,リヒテンシュタインおよびスウェーデンでは所得比例年金であり,デンマーク,アイスランド,オランダ,ノルウェー,フィンランドでは

---

6) 保険料にあわせて税が投入されている場合を含む。
7) すべての居住者を対象とした基礎年金(1階)に加えて,被用者等を対象とした年金(2階)が存在するような階層的な老齢給付制度が採用されている国の場合には,1階に相当する制度をここでの検討の対象とする。

居住期間または保険期間に応じたフラット年金である[8]。この8ヵ国のうち，当該制度による給付に必要な費用が税のみで賄われているのはデンマークとフィンランドだけであり，その他の国では保険料および税により費用が賄われている。

(3) 皆保険・皆年金

皆保険は疾病のリスクに関して現物給付を行う社会保険制度であって全居住者に加入義務を課すものが存在する状態を，「皆年金」は老齢のリスクに関して年金給付を行う制度であって全居住者（一定の年齢階層に属する者に限る場合を含む）に加入義務を課すものが存在する状態をいうものとすると，以上の結果からは，比較の対象とした19ヵ国のうちスイス，リヒテンシュタインおよびオランダの3ヵ国が皆保険・皆年金となっていることがわかる。

2. スイスおよびオランダにおける皆保険・皆年金

この3ヵ国のうち，リヒテンシュタイン[9]の医療保険および年金保険はスイスと多くの共通点を有している。そこで，以下においては，スイスおよびオランダを中心に皆保険・皆年金について，日本との比較の視点からの検討を行う。

8） オランダおよびノルウェーでは，保険期間のほか世帯の状況などが考慮される。アイスランドでは，居住期間のほか受給者の年金以外の収入が考慮される。フィンランドでは，居住期間および世帯の状況のほか，就労に基づき受給する他の年金の額が考慮される。

9） リヒテンシュタインは，スイスと国境を接する人口約3万5000人の国である。外交上は多くの国でスイスがリヒテンシュタインの利益代表を務めるなど，両国の間には特殊な関係が存在する。

(1) 皆保険

① スイス

　スイスにおいては，公的医療保険について規定する連邦法である医療保険法[10]が1996年に施行された。この法律は，次の三つの主要な目的をもって従来の制度を改革するものであった。第一に，健康な人と健康状態が良くない人との間および所得の高い人と低い人との間における連帯を強化することである。第二に，すべての人に，質が高く，かつ，経済的に負担可能な医療サービスを保障することである。第三に，競争の要素を導入することにより支出を抑制することである（BSV, 2001: 1）。

　医療保険法により，公的医療保険への加入義務について変更が行われた。スイスでは，1996年までは公的医療保険への全国的な加入義務は定められていなかった。すなわち，スイス連邦を構成する26州のうち全居住者に公的医療保険への加入義務が課されていたのは4州にとどまり，その他の州では低所得者等に対して加入義務が課されているにすぎなかった。しかし，医療保険法により，所得や資産の多寡にかかわらず，スイスに居住するすべての者（スイス人および外国人）に公的医療保険への加入義務が導入された[11]。これにより，すべての世帯構成員は，大人も子供も各人が被保険者として公的医療保険に加入することが義務づけられた[12]。この結果，医療保険法が定める給付と負担に関する規定が全居住者に対して統一的に適用されることになった。

---

10) Bundesgesetz über die Krankenversicherung, Systematische Sammulung des Bundesrechts (SR) 832.10.
11) 外交官，国際機関の職員等はこの例外となっている。
12) ただし，公的医療保険に自動的に加入する仕組みとはなっておらず，加入義務のある者はスイス国内での居住開始または誕生の日から3ヵ月以内に加入手続きを行わなければならない。この期間内に加入手続きが行われた場合には，居住開始または誕生の日にさかのぼって公的医療保険の対象となる。一方，この期間を超えた場合には，さかのぼっての適用は行われず，罰金として一定の期間は加算された保険料を支払わなければならない。加入義務の遵守に関しては，州が責任を負っている。

このように全居住者に対して単一の制度への加入義務が課されたものの，公的医療保険の管理運営は単一の保険者ではなく，多数の保険者により行われている[13]。従来，公的医療保険の保険者は疾病金庫（Krankenkasse）に限られていたが，1996年の改革により，疾病金庫のほか，保険監督法[14]が適用される保険会社もその保険者となることが認められた[15]。

　1996年の改革により，被保険者には自らが加入する保険者を自由に選択する権利が認められた。被保険者は，毎年6月末および12月末に加入する保険者を変更することができる。このため，保険者は被保険者の獲得をめぐって互いに競争する立場に立っている。一方，保険者には加入を希望する被保険者を受け入れる義務が課されている。保険者は，対象としている地域に居住する者であって，当該保険者に加入の申請を行った者を受け入れなければならない[16]。この義務は，保険者がこの競争において優位に立つために，より有利なリスク構造（加入被保険者の年齢構成および男女比）とすることを目的として，できるだけ若い被保険者を獲得するために高齢の被保険者の加入を拒むこと（いわゆる「リスク選別」）を防ぐために設けられているものである。

　これとあわせて，リスク構造の違いがもたらす財政的な影響を保険者間で調整するためのリスク調整（Risikoausgleich）が導入された[17]。従来は，リスク選別が行われた結果，若い被保険者を多く抱え保険料が低い

---

13) 保険者数は2015年で59となっている（BAG, 2014: 1）。
14) Versicherungsaufsichtsgesetz, SR 961.01.
15) 医療保険の保険者となる場合には，保険監督法に定められた基準を満たし，監督官庁の認可を受けなければならない（保険監督法第3条および第6条）。
16) すべての保険者が全国をカバーしているわけではなく，一定範囲の州に限って医療保険を提供している保険者も存在する。
17) リスク調整は当初10年間に限定された措置として導入された。その理由は，被保険者による保険者の選択が行われる結果，保険者間でのリスク構造の格差が縮小することにより，保険料額の格差も縮小すると期待されたことにある（Widmer, 2013: 195）。しかし，現実にはこのような格差縮小は期待どおりには進まなかったため，リスク調整は継続して行われている。

保険者と，高齢の被保険者を多く抱え保険料が高い保険者が存在していた（Ross, 2010: 361）。しかし，リスク調整が導入され，有利なリスク構造となっている保険者は，不利なリスク構造となっている保険者の財政負担を分担しなければならなくなった。これにより，被保険者の年齢および性別に関してはリスク選別を行う誘因が除去された[18]。なお，対象地域が州をまたがる保険者であっても保険料を州単位で設定することが認められているため，リスク調整も州単位で行われている。

　被保険者が負担する保険料は，各被保険者が病気になるリスクの大きさにかかわらず保険者ごとに定額で定められるため，同じ保険者に加入する被保険者の保険料は各被保険者の所得の額にかかわりなく同額である。被保険者の加入年齢や性別により負担する保険料に差を設けることはできない。ただし，州ごとあるいは州内の地域ごとに差を設けることは認められている。被保険者にとって過重な負担とならないよう，保険料の負担限度額が定められている。限度額を超える部分については，州が税財源により負担する。一方，病気になった場合の給付は医療上の必要性に応じて行われる。この仕組みを通じて，病気になるリスクの高い者と低い者との間の再分配（社会的調整）が行われている[19]。このような意味における被保険者間の連帯は，被保険者による保険者の選択や保険者間での移動が認められるとともにリスク調整が導入されたことにより，同一の保険者に加入する被保険者の間の連帯から，保険者の枠を越えた被保険者間の連帯へと発展を遂げたということができる。

18）　このリスク調整においては，被保険者の健康状態は考慮されないため，年齢・性別が同じ被保険者であれば健康な者が多く加入するほど，疾病金庫が財政的に有利になる余地が残されている。このため，2012年からは被保険者の病院への入院などが，2017年からは薬剤費用が考慮されるようになった。
19）　日本の健康保険やドイツの医療保険では，被保険者がその所得の一定割合を保険料として負担することにより，所得の高い被保険者から低い被保険者への再分配も行われている。スイスの場合には，そのような再分配は，負担限度額を超える保険料を州が税財源で負担することにより行われている。

② オランダ

オランダの医療保険制度は三つの分野から成り立っている。第一は「特別の疾病費用に関する法律（AWBZ）」[20]に基づき介護給付を行う制度である。第二は医療保険法に基づき医療給付を行う制度である。第三は医療保険法の対象にならない給付を行う民間の付加医療保険である。

2006年には，公的医療保険について規定する新たな医療保険法（Zvw）[21]が施行された。この法律の目的は，制度の効率性を向上させること，中央集権的なコントロールを減らすこと，およびすべての者に良好な医療アクセスを保障することにあった。このような目的を達成するため，公的医療保険と民間医療保険を統合し，全居住者を対象にする統一的な医療保険制度を構築することにより，医療保険制度の公平化および効率化が図られた（Walser, 2005: 274）。効率性向上のための最も重要な手段として考えられたのは「競争」であった。

この改革の背景には，公的医療保険とこれにかわる民間医療保険が併存することによる次のような問題が存在していた。2006年までは所得が限度額以下の被用者および自営業者にのみ公的医療保険への加入義務が課されていた[22]。このため，居住者のおよそ6割程度が公的医療保険によりカバーされているにすぎなかった（Demmer, 2006: 116）。一方，公的医療保険への加入義務がない者は，民間医療保険への加入が義務づけられていた。同等の生活状態にある者であっても，公民いずれの制度に加入するかによって，金銭的な負担に大きな違いがみられた。また，被保険者が公的医療保険と民間医療保険を行き来することによる事務費用も生じていた。

2006年に施行された新たな医療保険法により，職業の種類や所得の額

---

20) Algemene wet bijzondere ziektekosten, Staatsblad (Stb.) 1967, 617.
21) Zorgverzekeringswet, Stb. 2005, 358.
22) 被用者に適用される所得の限度額は2005年現在で年3万3000ユーロとされていた。所得が限度額（2万1000ユーロ）以下の自営業者に対する加入義務は，2000年に新たに導入された。

にかかわりなく，すべての居住者[23]に新たな医療保険への加入義務が課された[24]。加入義務が全居住者に拡大されたことにより，同法が定める医療保険の給付と負担に関する規定がすべての居住者に統一的に適用されることになった。

このように，全居住者に対して単一の医療保険制度への加入義務が課されているものの，その管理運営は単一の保険者ではなく，多数の保険者により行われている。被保険者には自らが加入する保険者を自由に選択する権利が認められた。また，被保険者は，毎年末に加入する保険者を変更することができる。このため，保険者は被保険者の獲得をめぐって互いに競争する立場に立っている。一方，保険者には加入を希望する者と保険契約を締結する義務があり，希望者の年齢，性別，健康状態などを理由に契約を締結しないことは禁止されている。

被保険者が負担する保険料の額は，各被保険者が病気になるリスクの大きさにかかわりなく，保険者ごとに定額で定められている。医療保険に要する費用の半分は，被保険者が各保険者に支払うこの定額保険料によって賄われている。残りの半分は，事業主および自営業者が医療保険基金（Zorgverzekeringsfonds）に支払う保険料によって賄われている。この保険料の額は，事業主の場合には従業員の賃金，自営業者の場合には所得の一定割合とされている。医療保険基金は，この定率保険料，国庫補助などによる収入をもとに，リスク構造の違いを勘案して各保険者に資金を配分しており（Ministerium für Gesundheit, Gemeinwohl und Sport, 2006: 15），これによりリスク調整が行われている。

同じ保険者に加入する被保険者はすべて同額の保険料を負担する。つまり，被保険者の年齢，性別，健康状態により負担する保険料に差を設

---

23) オランダに居住していないがオランダの所得税を支払う義務がある者を含む。
24) 医療保険への加入は保険者と被保険者の私法上の合意（契約）によるものとされたため，法的には，すべての居住者に契約締結義務が課された。この義務に反して医療保険の契約を締結しない者に対しては，罰金が科せられる。遅れて加入した時点までに発生した医療費はすべて自己負担になる。

けることはできない[25]。被保険者にとって過重な負担とならないよう，所得が一定額を下回る被保険者には国が税財源により補助する。一方，病気になった場合の給付は医療上の必要性に応じて行われる。この仕組みを通じて，病気になるリスクの高い者と低い者との間の再分配（社会的調整）が行われている。このため，加入する被保険者の構成が当該保険者の保険料水準，ひいては他の保険者との競争における立場に影響を与えることになる。こうしたリスク構造の違いがもたらす財政的な影響の保険者間での調整は，リスク調整を通じて行われる。スイスの場合と同様に，被保険による保険者の選択権やリスク調整の導入により，同一の保険者に加入する被保険者の間での連帯は保険者の枠を越えた被保険者間の連帯へと発展した[26]。

③ 両国と日本との比較検討

以上のように，スイスおよびオランダの両国では，すべての居住者に，公的医療保険への加入義務が課され，かつ，単一の制度が適用されている。この結果，被保険者の職業，所得，年齢によって加入する制度が異なることや，それによって給付の内容や保険料算定に差異が生じることもない。

これに対して，日本では，すべての居住者に公的医療保険への加入義務が課されているが，すべての被保険者に単一の制度が適用されているわけではない。適用される制度は，自営業者，農業者，非正規労働者，無職者等を対象とする国民健康保険，被用者を対象とする健康保険，75歳以上の者を対象とする後期高齢者医療制度に大きく分かれている。このため，健康保険や国民健康保険に加入する者が75歳に達した場合や被用者であった者が職業生活から引退した場合には，それまでとは異なる

---

[25] 大部分の保険者は全国を対象にしており，保険料も全国一律に設定している。
[26] オランダにおけるリスク調整の対象は，加入被保険者の年齢構成および男女比だけでなく，加入被保険者の疾病罹患状況の違いなどがもたらす財政的な影響にまで及んでいる点に特徴がある（Walser, 2010: 331）。

制度に加入しなければならなくなる。しかも，各制度による給付および保険料に関する規定には違いがあることから，いずれの制度の適用を受けるかによって，給付の種類や給付率，保険料の算定方法に違いがある。

すべての居住者に単一の制度が適用されるスイスおよびオランダにおいても，公的医療保険の管理運営は，単一の保険者ではなく，多数の保険者により行われている。このような仕組みが採用された背景には，医療保険における質と効率性を高める手段として保険者間の競争を重視する考え方が存在する。このため，被保険者には，自らが加入する保険者を自由に選択する権利が認められている。

このような競争は，保険者によるリスク選別や保険者間の保険料格差をもたらす恐れがある。こうした問題に対応するため，両国では，各保険者に対して被保険者の受け入れ義務を課すとともに，リスク調整の仕組みが導入され，保険者間の公平な競争条件の整備と保険料格差の是正が図られた。

民間医療保険の場合とは異なり，公的医療保険においては各被保険者の健康上のリスクの大きさにかかわりなく保険料が徴収され，医療上の必要性に応じた給付が行われることにより，健康上のリスクが高い被保険者と低い被保険者との間で社会的調整が行われる。このような意味において，公的医療保険は被保険者間の連帯に基づく制度となっている。この両国においては，保険者間のリスク調整が導入されたことにより，同一の保険者に加入する被保険者間の連帯は保険者の枠を越えた連帯へと発展した。

日本においても，公的医療保険の管理運営は複数の保険者により行われている。しかし，各被保険者が加入する保険者は，各被保険者の勤務事業所，居住地などに応じて定められる仕組みがとられており，被保険者が加入する保険者を自由に選択することはできない。各制度においては，各保険者のリスク構造の違いに起因すると考えられる保険料水準の格差がみられる。しかし，高齢者に限らない被保険者全体を対象として，

リスク構造の違いが各保険者に及ぼす財政的な影響を制度を越えて調整する仕組みは存在しない。

皆保険が導入された時期をみると，スイスでは1996年，オランダでは2006年であり，いずれも日本の場合に比べると比較的最近であることがわかる。この両国では，国民が高水準の医療を受けることができる体制がすでに整った状況にあり，高齢化の進展等による医療費の増加が強く意識される時期に皆保険が導入されたということができる。これに対して，日本で皆保険が導入されたのは1961年であり，十分な医療が受けられない農民，零細企業従事者等への医療保障の拡大が重要な課題となっていた時期である。

(2) 皆年金

① スイス

スイスでは，1948年に施行された連邦法である老齢・遺族保険法[27]により，老齢年金および遺族年金を支給する老齢・遺族保険が導入されるとともに[28]，スイスに居住するすべての者に対して老齢・遺族保険への加入義務が課された[29]。

この背景には次のような考え方があった（Baumann, 2008: 106）。社会保険による保障のあり方に関する議論においては，対象者に「保護の必要性（Schutzbedürftigkeit）」があることが加入義務を課す根拠とされる。しかし，加入義務を現時点での「保護の必要性」だけで判断することは必ずしも適当ではない。なぜならば，「保護の必要性」は時とともに

---

27) Bundesgesetz über die Alters- und Hinterlassenenversicherung, SR 831, 10.
28) スイスの老齢保障制度は三層構造となっている。その一階に位置づけられるのがこの老齢・遺族保険法に基づく老齢年金である。二階には企業年金が，三階には私的年金が位置づけられている。
29) 日本とは異なり，障害年金は老齢・遺族保険とは別の障害保険により支給されている。1959年に施行された連邦法である障害保険法（Bundesgesetz über die Invalidenversicherung, SR 831. 20)」により障害保険が導入されるとともに，老齢・遺族保険の被保険者は障害保険の被保険者とされた。

変化するものであり、現在は幸福な生活を送っている若者が高齢期には貧困に陥る可能性を排除することはできない。したがって、高齢や死亡のリスクに対する保障を行う老齢・遺族保険はすべて人を対象とする必要がある。また、スイスに居住するすべての人に対して加入義務を課すことによってのみ、あらゆる国民を「幸運にも自ら生計を賄うことができる者がそれほど恵まれていない多くの者を援助することに貢献する」包括的な連帯の仕組みにつなぎとめることができる (Bundesrat, 1946: 380)。

老齢・遺族保険による老齢年金は、基本的に各被保険者の保険料納付期間および平均年間報酬に応じて算定されるいわゆる「所得比例年金」となっている。年金額は2段階で計算される (表1-2)[30]。まず、平均年間報酬に応じた定額部分が定められる。次に、この定額部分に、平均年間報酬に一定率をかけた額（変動部分）を足すことにより年金額が算定される。平均年間報酬が4万2120フランを超える場合にはこの率が26%から16%に減少する[31]。また、年金額には最低年金額（月額1170フラン）と最高年金額（月額2340フラン）が定められている。夫婦がいずれも年金を受給する場合には、夫婦の年金の合計額は最高年金額の1.5倍を超えないものとされている。このような仕組みにより、平均年間報酬が低い被保険者が受給する年金額の改善が図られている。

平均年間報酬が1万4040フランを超えると年金額は最低年金額よりも増加し、平均年間報酬が8万4240フランとなることにより年金額は最高年金額に到達する。このように、スイスの年金は、「所得比例年金」とはいえ、被保険者の年間報酬の増加に応じた年金額の上昇は相当に緩やかなものとなっており、しかも、平均年間報酬4万2120フランを境に上昇率が一層低下する。

---

30) 20歳到達後最初の1月1日から年金支給開始年齢到達後の最初の12月31日までの期間において保険料が支払われたことを前提にする。
31) スイスの老齢・遺族保険に関する年金額等の数字はいずれも2013年1月現在のものである。

表1-2　年金額の算定方式（スイス 2013 年現在）

平均年間報酬	〜4万2120フラン	4万2120フラン〜
定額部分	1万389.60フラン	1万4601.60フラン
変動部分	平均年間報酬×26%	平均年間報酬×16%

出典：著者作成。

　老齢・遺族保険は賦課方式の財政システムとなっており，その費用は主に被保険者および事業主が負担する保険料により賄われている。これに加えて，連邦が総支出額の2割程度に相当する補助を行っている。

　全居住者が被保険者とされているが，保険料の算定方法は被保険者の稼得活動の状況によって異なっている。自営でない稼得活動を行う者（被用者）およびその事業主は，賃金の4.2%ずつを老齢・遺族保険の保険料として負担する。この場合には保険料の最低額および最高額の定めはない。自営の稼得活動を行う者（自営業者）は，課税所得に保険料率（課税所得の額に応じて4.2〜7.8%）を乗じた額を老齢・遺族保険の保険料として負担する。年齢が20歳から年金支給開始年齢[32]までの間で，稼得活動を行っていない者は，その資産と年金収入の額に応じた額を保険料として負担する[33]。この場合には年金保険料の最低額（年480フラン）および最高額（年2万4000フラン）が定められている。

　年金額と保険料算定の仕組みがこのようになっているため，平均年間報酬が1万4040フランと8万4240フランの被用者を比較してみると，保険料負担額は後者が前者の6倍となるのに対して，年金額はそれぞれ最低年金額および最高年金額となるため後者は前者の2倍にとどまる。

---

[32]　年金支給開始年齢は，男性65歳，女性64歳となっている。
[33]　稼得活動を行わない者に関しては重要な例外が設けられている。稼得活動を行わない者の配偶者が稼得活動に基づく保険料を負担しており，かつ，当該保険料の額が最低保険料額の2倍以上である場合には，稼得活動を行わない者の保険料が支払われたものとみなされる。

② オランダ

 オランダでは、1956年に制定された一般老齢年金法[34]に基づき、65歳以上のすべての者に老齢年金を支給することを目的とした現在の強制加入の老齢年金制度が導入された[35]。この制度においては、オランダに居住する65歳までのすべての者に加入義務が課されている。したがって、たとえ年金が必要でないほど多くの所得や資産を有する者であっても、この年金制度に加入しなければならない。その理由としては、65歳になったときに、その人に年金が必要となるかならないかを確実性をもって確定することはできないことがあげられる。つまり、高所得を得ている人が必ずしも自分の老後を自ら保障できる方向に進んでいくとは限らないというわけである。また、所得の額にかかわりなく、すべての居住者に対して加入義務を課すことにより、連帯原則が強調される（Sociale Verzekeringsbank, 2008: 24）。

 この法律による老齢年金は、現役時代に支払われた保険料や受給者の所得・資産の額にかかわりなく支給される一律のフラット年金となっている。被保険者は保険期間1年当たり2%の受給権を取得することとなるため、15歳から65歳までの50年間でフルの受給権を取得することができる[36]。ただし、年金額には受給者の世帯状況が加味される。すなわち、フルの老齢年金の受給権を有する者が受け取るグロス年金額は、その者が単身者の場合には法定最低賃金額の70%である。そのパートナーも年金受給権を有する場合には、老齢年金額は法定最低賃金額の50%となるため、夫婦での合計額は法定最低賃金額の100%となる。

 老齢年金制度は賦課方式の財政システムとなっており、老齢年金に要

---

[34] Algemene Ouderdomswet, Stb. 1956, 281.
[35] オランダの老齢保障制度も三層構造となっている。その一階に位置づけられるのがこの一般老齢年金法に基づく老齢年金である。二階には企業年金が、三階には私的年金が位置づけられている。企業年金は被用者の95%以上をカバーしており、実際には強制保険に近いものとなっている。
[36] たとえば、外国に居住していた期間は保険期間に算入されないため、年金額を減少させる効果を持つ（Kleinfeld, 2001: 127）。

する費用は課税所得の一定割合に相当する保険料によって賄われている。つまり，この制度による給付は「フラット」であるにもかかわらず，保険料は各被保険者の所得に応じたものとなっている。老齢年金制度には，保険料のほかに一部税財源も投入されている。保険料を支払わない高齢者も含めたすべての納税者がこれを通じて老齢年金制度に貢献する仕組みとなっている。

③ 両国と日本との比較検討

　以上のように，スイスではすべての居住者に，オランダでは65歳までのすべての居住者に，老齢保障の一階部分に相当する公的年金保険への加入義務が課され，かつ，単一の制度が適用されている。この結果，被保険者の就労の有無，職業，所得などにより加入する制度が異なることや，それによって給付の内容および保険料算定に差異が生じることもない。

　一方，負担する保険料の額と支給される年金給付の関係については両国の間で大きな違いが見られる。すなわち，被保険者は，スイスでは所得に応じた保険料を負担し，所得比例年金を受給するのに対して，オランダでは所得に応じた保険料を負担し，所得の多寡にかかわりなく一律のフラット年金を受給する。

　これにより，オランダの年金保険においては，所得の高い被保険者から低い被保険者への再分配が行われている（表1-3）。スイスの年金保険においても，定額部分が設けられ，所得が一定額以上となる場合には変動部分の乗率が引き下げられ，最低年金額および最高年金額が設けられていることにより，所得の高い被保険者から低い被保険者への再分配が行われている。

　日本でも，すべての居住者に国民年金への加入が義務づけられている。しかし，被用者に関しては，これと合わせて厚生年金保険に加入することが義務づけられている。被用者に関しては，賃金の額に応じた保険料を負担し，「フラット年金（老齢基礎年金）」と「所得比例年金（老齢厚

表1-3 公的年金保険（老齢年金）における再分配

	スイス	オランダ	日本（国民年金・自営業者等）
保険料負担	所得比例	所得比例	定額
給付	所得比例*	フラット	フラット
再分配**	有	有	無

＊定額部分、最低年金額・最高年金額あり。
＊＊所得の高い被保険者と低い被保険者の間の再配分。
出典：著者作成。

生年金）」を受給する仕組みとなっており，これを通じて所得の高い被保険者から低い被保険者への再分配が行われている。一方，自営業者等に関しては，国民年金制度の被保険者として所得の額にかかわらず一律の保険料を負担し，給付としては「フラット年金（老齢基礎年金）」を受給する仕組みとなっており，これを通じて所得の高い被保険者から低い被保険者への再分配が行われているわけではない。

3. ドイツ社会保険の加入義務

　現状では皆保険・皆年金となっていないドイツにおいても，公的医療保険の加入義務の範囲をすべての者に拡大することが提案されている。そこで，次にこの提案の背景や目的について検討を行うこととする。
　ドイツでは，公的医療保険および公的年金保険の加入義務の対象は，当初，労働者を中心とするものとなっていた。その後，加入義務の対象となる者の範囲は医療保険においても年金保険においても拡大されてきたが，今日に至るまですべての者に加入を義務づける仕組みはとられていない。その根底には，「社会的保護の必要性（Soziale Schutzbedürftigkeit）」が認められる者だけを社会保険の対象にするとの考え方が存在する。この考え方の背景には，自らの経済的・社会的状況のせいで自ら将来に備えることがその個人にとって過大な要求となりうる場合にのみ国

家的な介入が正当化されるという補完原則（Subsidiaritätsprinzip）の考え方がある。このため，「社会的保護の必要性」が認められる者のみが公的医療保険や公的年金保険の対象とされ，それ以外の者については，疾病のリスクや老齢・障害のリスクに対して自ら備えることができるものとされる。

　しかしながら，ドイツにおいても，近年の改革をめぐる議論のなかでは，すべての者に公的医療保険への加入義務を課す「国民保険」の導入が二大政党の一つである社会民主党（SPD）などから提案されている。

　ドイツの公的医療保険における加入義務の対象は，被用者，年金受給者，失業手当受給者などに限られており，大部分の自営業者には公的医療保険への加入義務が課されていない。また，官吏，裁判官および軍人に対しては，公的医療保険への加入義務が免除されている。さらに，被用者であっても，通常の年間労働報酬が限度額を超える者に対しては，公的医療保険への加入義務が免除されている。一方，公的医療保険に加入していない者に対して，保険会社と公的医療保険に代わる民間医療保険（代替医療保険）の契約を締結することが義務づけられている。このため，現状においても，すべての者が公民いずれかの医療保険を通じて疾病のリスクに対する保障が受けられる体制となっている。

　それにもかかわらず公的医療保険の加入義務の拡大が提案されている理由ひとつは，現行制度には公的医療保険の基礎となる「連帯」に関して大きな問題が存在することである。ドイツの公的医療保険においては，各被保険者の所得に応じて保険料が徴収され，それをもとに，保険料の多寡ではなく，医療上の必要性に応じた医療給付が行われている。これを通じて，公的医療保険においては，健康上のリスクの高い者と低い者，所得の高い者と低い者，家族の多い者と少ない者との間の再分配（社会的調整）が行われている。このような意味で公的医療保険は被保険者間の連帯を基礎とした制度となっている。また，リスク調整が導入されたことにより，この連帯は，保険者の枠を越えた公的医療保険の被保険者

全体での連帯へと発展している。しかし，現状では，官吏および自営業者のほか，所得が年間労働報酬限度を超える被用者が，代替医療保険に加入することにより，公的医療保険におけるこのような再分配から逃れることが可能となっている。このため，すべての者に公的医療保険への加入義務を課すことがすべての者の間での連帯を確保するために不可欠となっている。

4. 考察

　以上の検討をもとに，皆保険・皆年金の意義について二つの視点から考察する。
　第一は，保護の必要性である。もともと，社会保険は労働力の提供によってしか生計を維持することができない労働者に「保護の必要性」を認めて加入義務の対象にすることから出発した。ドイツでは，今日においても加入義務の対象は被用者が中心となっており，すべての者に社会保険への加入義務を課すべきであるとの考え方には立っていない。これに対して，スイスおよびオランダで皆保険・皆年金となっている理由のひとつは，「疾病」および「老齢」は人が人生において遭遇する重大なリスクであり，すべての者に対して社会保険による保護を行うことが必要と考えられていることにある。
　第二は，連帯の確保である。スイスおよびオランダで皆保険・皆年金となっているもうひとつの理由は，それがすべての者による連帯を確保するために不可欠な条件と考えられていることにある。各被保険者のリスクの大きさにかかわりなく保険料が賦課される社会保険においては，リスクが低い者や所得が高い者は，リスクが高い者や所得が低い者のために，民間保険の場合のようなリスクに応じて算定される保険料よりも高い保険料を負担しなければならない。加入が任意であれば，より高い保険料を負担しなければならない者は，通常そのような制度に加入しよ

うとはしなくなる。そうなれば，それらの者は再分配（社会的調整）への参加を免れることが可能となる。したがって，リスクが低い者や所得が高い者を含めたすべて者による連帯を確保するためには，すべての者に加入を義務づけることが必要となる。

このような連帯を実現するためには，すべての者に加入義務が課されるだけでは十分ではなく，加入した社会保険においてすべての者が同等に取り扱われる必要がある。このため，スイスおよびオランダでは，単一の制度への加入を義務づけことにより格差をなくすとともに，分立する保険者により管理運営される公的医療保険の場合には，保険者の枠を越えた連帯を実現するために被保険者の移動の自由を保障するとともにリスク調整を行っている。

以上のように，スイスおよびオランダでは，皆保険・皆年金は，すべての者の保護の必要性に対応すると同時に，すべての者による連帯を確保するという目的を有している。また，ドイツにおいて公的医療保険への加入義務の対象をすべての者に拡大することが提案されている理由も，すべての者による連帯を確保するために必要だからである。

日本では，1961年に皆保険・皆年金が実現したが，これは公的な医療保険および年金保険に未加入であった農民や零細企業従業員への医療保険や年金保険の必要性が強く認識されたことを背景としたものであり，すべての者の保護の必要性への対応として行われたものといえる。しかし，日本の皆保険・皆年金は，スイスおよびオランダの場合とは異なり，すべての者による連帯を実現しようとするものではなかった。公的な医療保険および年金保険において加入すべき制度は加入者の職業等に応じて大きく分かれており，制度によって給付と負担に関する異なる規定が適用されている。しかも，多数の保険者が分立する公的医療保険において，被保険者による保険者の選択や高齢者に限らないすべての被保険者を対象としたリスク調整が行われているわけではない。すなわち，オランダ・スイスと同様にすべての人に加入義務が課され，すべての者の保

護の必要性に対する対応が行われているものの，すべての者による連帯が確保される制度となっていないことが日本の皆保険・皆年金の特徴であるといえる。

第2章
社会保険と民間保険の収斂

第1章でみたように，皆保険・皆年金となっている国は限られている。このため，その他の国においては，社会保険に代わって社会保険の対象となっていない者に対して保障を行う民間保険が存在する場合がある。

　その代表的な例として，ドイツの医療保険を挙げることができる。ドイツの公的医療保険においては，制度創設以来，労働者など一定の範囲の者に対してのみ加入義務が課されており，今日においても，居住者の1割程度は公的医療保険ではなく，公的医療保険を代替する役割を担う民間医療保険に加入している。多くの国では民間医療保険の役割は公的医療保険を補完することに限られている。これに対して，ドイツでは，公的医療保険を補完する役割を担う民間医療保険のほかに，公的医療保険を代替する役割を担う民間医療保険が存在している。このことはドイツにおける医療保険の公私関係に関する最も重要な特徴の一つとなっている（von Maydell, 2005: 585）。

　ドイツにおける近年の改革においては，公的医療保険とそれを代替する民間医療保険との関係にも大きな影響を及ぼす改正が行われている。この章では，それらをもとに社会保険と民間保険との関係について考察する。

1. 公的医療保険の特徴

　ドイツにおいては，公的医療保険に関する法律である社会法典第5編[1]に規定されている者に対してのみ公的医療保険への加入義務が課されている。同編の規定によれば，公的医療保険への加入義務があるのは，労働報酬を得て就労している被用者[2]，年金受給者，失業手当受給者，農業経営者およびその家族従事者，芸術家および著述家などである。

1）　Sozialgesetzbuch Fünftes Buch vom 20. 12. 1988, Bundesgesetzblatt (BGBl.) I S. 2477.
2）　被用者には，ブルーカラー（Arbeiter）およびホワイトカラー（Angestellte）が含まれる。

したがって，大部分の自営業者には公的医療保険への加入義務が課されていない。また，官吏（Beamte），裁判官および軍人のように，特別の法的関係に基づき，使用者としての国などから疾病治療に関する費用の償還を受けられる者に対しては，公的医療保険への加入義務が免除されている。さらに，被用者であっても，通常の年間労働報酬が限度額（年間労働報酬限度〈Jahresarbeitsentgeltgrenze〉）を超える者に対しては，公的医療保険への加入義務が免除されている[3]。

公的医療保険に任意加入することは，加入義務がなくなった者であって，過去5年間に24ヵ月以上被保険者であった，または直近12ヵ月以上連続して被保険者であったなどの一定の要件を満たすものに限り認められている[4]。ただし，任意加入する者は，原則として3ヵ月以内に疾病金庫に届け出なければならない。被保険者の配偶者，パートナーおよび子であって，その所得が限度額[5]を超えないなどの要件を満たす者は，公的医療保険の家族被保険者となる。

公的医療保険の保険者は労使により自主的に管理運営される公法上の法人である疾病金庫（Krankenkasse）である。公的医療保険の財政は賦課方式に基づいており，各年の支出はその年の収入により賄われる。公的医療保険の収入は基本的に保険料収入と連邦補助により構成されている[6]。各被保険者に係る保険料額は，「保険料負担義務のある収入（beitrags-

---

3） この意味において，年間労働報酬限度は，被用者の公的医療保険への加入義務の有無を区分する基準となっている。この年間労働報酬限度が存在することにより，被用者に関しては公的医療保険と民間医療保険の共存が可能となっている。このため，年間労働報酬限度は「和平境界線（Friedensgrenze）」とも呼ばれている。2016年における年間労働報酬限度は年5万6250ユーロとなっている。
4） ただし，ドイツ国内で初めて就労を開始し，所得が年間労働報酬限度を超えるために公的医療保険への加入義務がない者については，公的医療保険の被保険者期間にかかわりなく，任意加入が認められる。
5） この限度額は2016年で月額415ユーロとなっている。
6） 公的医療保険に対しては，農業者疾病金庫の場合を除き，最近まで国庫補助は行われてこなかった。しかし，2004年以降は，保険料率の上昇を抑えるため，「保険になじまない給付（versicherungsfremde Leistung）」に対する連邦補助が行われている。ただし，この連邦補助が医療保険の収入に占める割合は2015年で5.4％に

pflichtige Einnahme)」[7] に保険料率を乗じることにより算定される。ただし，家族被保険者には保険料を負担する義務がない。保険料率は法律により全金庫統一的に 14.6% と定められている[8]。被用者に係る保険料は，事業主および被保険者が折半で負担する。

　このように，公的医療保険においては，基本的に各被保険者の負担能力に応じて保険料が徴収される。このため，被保険者の健康状態，年齢，性別および家族の数は保険料額に影響を与えない。一方，給付は，医学的に確定され，法律の規定により範囲が定められた医療上の必要性に応じて行われる。このような仕組みを通じて，公的医療保険においては，健康上のリスクの高い者と低い者，所得の高い者と低い者，家族の数の多い者と少ない者との間での再分配（社会的調整）が行われている。公的医療保険は，このような意味における被保険者間の連帯に基づく制度となっている。

　公的医療保険による給付の種類，範囲および水準は法律等により統一的に定められている。公的医療保険による給付には，外来医科診療（家庭医診療および専門医診療），入院療養，薬剤・療法手段（Heilmittel）[9]・補助具（Hilfsmittel）[10] の支給，外来歯科診療，歯科補綴[11]，傷病手当金などが含まれる。傷病手当金などの場合を除き，公的医療保険の給付は原則として現物給付として行われる。現物給付は，通常，公的医療保険による給付を提供する認可を受けた医療供給者（保険医，認可病院など）

とどまっている。
7) たとえば，被保険者が被用者の場合には労働報酬が「保険料負担義務のある収入」に該当する。
8) この保険料および連邦補助をもとに健康基金から配分される資金では支出を賄いきれない疾病金庫は追加保険料（Zusatzbeitrag）の徴収を行う。追加保険料は「保険料負担義務のある収入」に一定の保険料率を乗じることにより算定される。被用者である被保険者の場合でも，追加保険料は被保険者だけで負担される。
9) 療法手段には，マッサージ療法，運動療法，言語療法などが含まれる。
10) 補助具には，メガネのレンズ，コンタクトレンズ，補聴器などが含まれる。
11) 歯科補綴の給付には，義歯のほかに，歯冠，ブリッジ，インプラント義歯などの給付が含まれる。

を通じて行われる。このため，公的医療保険においては，医療を受ける被保険者と医療供給者との間の法的関係だけでなく，保険者である疾病金庫と医療供給者との間にも法的関係が生じる。公的医療保険において提供される給付の範囲については，疾病金庫の連合会と医療供給者の団体との間の団体契約，疾病金庫の代表者および医療供給者の代表者が参加する共同連邦委員会の指針などにより定められる。

被保険者は，開業医である保険医や認可病院において医療保険の給付としての医療を受ける際には一部負担金を支払わなければならない。残りの費用については，疾病金庫が診療を行った保険医および認可病院に対して診療報酬として支払う。公的医療保険において診療報酬として請求可能な外来診療の給付とそれぞれの給付の相対価値（点数）は統一評価基準（Einheitlicher Bewertungsmaßstab〈EBM〉)[12] おいて定められている。一方，入院療養に関する給付は，診断群（DRG）に応じた入院1件当たりの包括的な報酬基準が適用されており，実際の在院日数ならびに行われた給付の種類および量にかかわらず，DRGに応じてあらかじめ定められた定額の報酬が支払われる。

2. 民間医療保険の特徴

民間医療保険は代替医療保険（substitutive Krankenversicherung）[13]と付加医療保険（Krankenzusatzversicherung）[14]に大別される（図2-1）。このうち，代替医療保険は，公的医療保険の加入者でない者が公的医療保険に代わるものとして保険会社（Versicherungsunternehmen）[15]との

---

[12] EBMは，連邦保険医協会（Kassenärztliche Bundesvereinigung）と疾病金庫連邦中央連合会（Spitzenverband Bund der Krankenkassen）の代表者により構成される評価委員会（Bewertungsausschuss）により策定される。
[13] 代替医療保険は，「フルの医療保険（Krankenvollversicherung）」とも呼ばれる。
[14] 付加医療保険の詳細については，松本（2012: 96）を参照されたい。
[15] 保険会社は営業を開始するために監督官庁の許可を受けなければならない。この許可は，株式会社，相互保険社団および公法上の法人・組織にしか与えられない。

図 2-1 公的医療保険と民間医療保険の関係

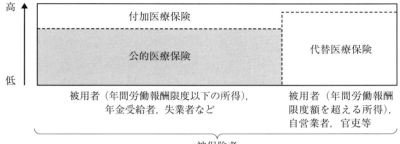

出典：著者作成。

契約に基づき加入する疾病費用保険（医療保険）である。一方，付加医療保険は，公的医療保険の加入者などを対象に，治療費用のうち公的医療保険ではカバーされない費用などを補填する民間医療保険である[16]。

代替医療保険に加入しているのは，自営業者，官吏，年間労働報酬限度を超える所得がある被用者などである[17]。公的医療保険への加入義務がなく，かつ，公的医療保険への任意加入が可能な者は，3ヵ月の届出期間内においては，公的医療保険への加入と代替医療保険への加入を選択する権利を有する[18]。公的医療保険の場合とは異なり，代替医療保険には保険料負担義務のない家族被保険者の仕組みは存在しない[19]。

---

[16] 民間医療保険連合会（Verband der Privaten Krankenversicherung〈PKV〉）の統計によれば，2014年現在で代替医療保険の被保険者数は約880万人，付加医療保険の契約件数は約2430万件となっている（PKV, 2015: 16）。付加医療保険の場合には，1人で複数の保険契約を締結している場合がある。

[17] 代替医療保険に加入している者のうち，およそ半分は官吏およびその家族である。次に多くを占めているのは自営業者であり，所得が年間労働報酬限度を超えている被用者は代替医療保険の被保険者の1/8にとどまっている（PKV, 2012: 17）。

[18] したがって，被用者で当初は公的医療保険への加入義務があった者が，その後に所得が増加したために加入義務がなくなる場合や自営業になる場合には，このような選択権が発生する。ただし，代替医療保険を選択した場合には，所得が年間労働報酬限度以下になるか，失業者にならなければ，公的医療保険に戻ることはできない。

[19] したがって，公的医療保険の場合には家族被保険者となる者も，代替医療保険

公的医療保険による給付の範囲および水準が法律等により一律に定められているのに対して，代替医療保険による給付の範囲および水準は，保険料率表（タリフ〈Tarif〉）および「タリフの条件（Tarifbedingung）」により定められる。各保険会社からは給付の範囲および水準が異なる複数の保険商品が販売されている。一般的には，代替医療保険による給付の範囲および水準は公的医療保険よりも広くかつ高いものとなっている。加入希望者はこれらの保険商品の中から自分のニーズや好みに合ったものを選択することができる[20]。

　加入希望者は，保険会社と契約を締結することにより保険に加入することができる。後述する基本タリフに基づく保険の場合を除き，保険会社には加入希望者との間で保険契約を締結する義務はない。したがって，保険会社は，加入希望者のリスクが大きすぎると思われる場合には，保険契約の締結を拒み，あるいは，加入希望者と当該リスクに見合った保険料の加算（リスク加算〈Risikozuschlag〉）や特定の疾病に対する給付の除外について合意することができる。

　代替医療保険の財政は積立方式に基づいており，被保険者が負担する保険料により積立金が形成され，それが将来における給付支払いの財源となる。代替医療保険の保険料は，各被保険者のリスクに応じたものとなっており，基本的に契約締結時の被保険者の年齢および性別に応じて算定される。また，いずれの保険商品および免責額を選択するかが保険料の額に影響を及ぼす。

の場合には保険料を支払わなければならない。
20)　選択可能な保険商品は具体的には次のようなものである。A社は，対象者を特定しない代替医療保険として，給付の範囲および水準の異なる3種類の保険を販売している。これらの保険は，たとえば歯科補綴の費用の償還率（65％，75％および85％）および入院できる病室（多床室，2人部屋および1～2人部屋）において違いがある。さらに，免責額についてもいくつかの選択肢が用意されており，最も給付内容が充実した保険（歯科補綴の償還率が85％で，入院できる病室が1～2人部屋）の場合には，免責額として保険による償還額の10％（最高年間500ユーロ）または年間3000ユーロのいずれかを選択することができる。

保険料額は原則として変更しないこととされており，保険会社は，契約締結後に当該被保険者の健康上のリスクが高くなったことを理由に保険料を引き上げることや契約を解除することはできない。保険料の引き上げが認められるのは，平均寿命の伸長やそれまでに予測できなかった相当の支出の増加など，各被保険者の個別の事情ではなく一般的な情勢の変化による場合に限られる。

　代替医療保険においては，法律の規定に基づき，各被保険者について生涯にわたり必要となると考えられる標準的な費用を前提とした高齢化引当金（Alterungsrückstellung）を積み立てることが義務づけられている。高齢化引当金は，被保険者が高齢となりより多くの医療費がかかることに備えるものである。保険料は所要の高齢化引当金を積み立てるための費用を含めた水準に設定される。このように，保険料は被保険者期間全体を見通して算定されるため，若年期には支出を上回り，高齢期には支出を下回る水準となる（図 2-2）。

　被用者であって，その所得が年間労働報酬限度を超えるために公的医療保険への加入義務がなく，代替医療保険[21]に加入している者は，事業者から保険料補助（Beitrasgszuschuss）を受けることができる[22]。その額は，当該被用者が公的医療保険の加入者であったとすれば事業主が負担する保険料の額に相当する。ただし，保険料補助の額は代替医療保険に支払うべき保険料の半額を超えることはできない。

　代替医療保険の給付は，現物給付ではなく，費用償還の形態により行われる。すなわち，医師は患者と間の診療契約に基づき診療を行う。患者はその報酬を医師に対して支払い，保険会社が保険契約に基づき患者にその費用を償還する。医師による外来診療に対する報酬は，公的医療

---

[21]　この場合の代替医療保険において，加入者は公的医療保険の場合と同じ種類の給付が受けられることが条件となる。

[22]　このような被用者は，公的医療保険に任意加入する場合にも，事業主から同様の保険料補助を受けることができる。

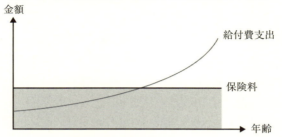

図 2-2 代替医療保険の保険料と給付費支出の関係

出典：PKV（2012）をもとに著者作成。

保険の場合に用いられる統一評価基準（EBM）ではなく，連邦医師法[23]第11条の規定に基づく法規命令である医師報酬規定（GOÄ）[24]に基づき算定される。GOÄ においては，医師が行う給付の種類ごとに報酬点数が定められている。報酬点数に1点単価（5.82873セント）を乗じて得た額が各給付の報酬単位となる。医師への報酬額は，報酬単位に一定範囲の倍率を乗じて得た額とされている。代替医療保険による費用償還額の算定にあたっては，保険商品により異なる倍率が適用される[25]。

医師は，患者に対して同じ内容の診療を行ったとしても，代替医療保険からは公的医療保険よりも高い診療報酬を受け取ることができる。民間医療保険連合会（PKV）による試算では，たとえば，骨盤のMRI検査を行った場合に算定される医師の報酬は代替医療保険では公的医療保険の3倍程度になる（PKV, 2012: 6）。

---

23) Bundesärzteordnung in der Fassung der Bekanntmachung vom 16. 4. 1987, BGBl. I S. 1218.
24) Gebührenordnung für Ärzte in der Fassung der Bekanntmachung vom 9. 2. 1996, BGBl. I S. 210.
25) たとえば，前記注20で示したA社による3種類の保険においては，それぞれ2.3倍，3.5倍および「医学的に必要性が認められる場合には3.5倍を超える」倍率が適用されている。

3. 公私医療保険の重要な相違点

　民間保険と比較した社会保険の要件としては，管理運営主体が国家であること，費用についての国庫負担が行われること，加入条件に該当する者を強制的に加入させること，被用者に係る保険料の半分以上を雇用主が負担することが指摘されている（土田，2015: 213）。ドイツにおける公的医療保険とそれを代替する民間医療保険とを比較してみると，両者の間には次のような重要な相違点が存在することがわかる（表2-1）。

　まず，保険への加入に関しては，公的医療保険では一定範囲の者が法律に基づき被保険者とされるのに対して，民間医療保険では加入希望者が保険会社との契約を締結することにより保険に加入する。公的医療保険の保険者は被保険者の加入を拒むことはできないが，民間医療保険では保険会社が加入希望者との保険契約の締結を拒むことが認められている。

　保険者は，公的医療保険では労使により自主的に管理運営される公法上の法人である疾病金庫とされているのに対して，民間医療保険では株式会社等の形態の保険会社とされている。

　公的医療保険では給付の範囲や水準が法律等に基づき統一的に定められているのに対して，民間医療保険では保険会社から給付の範囲や水準の異なる商品が提供されており，加入希望者はこれらの中から自分のニーズや好みに合ったものを選択することができる。選択した保険が提供する給付の範囲や水準は保険料額に影響を及ぼす。民間医療保険の給付は償還払いにより行われるのに対して，公的医療保険では現物給付が原則となっている。このため，公的医療保険の場合には，保険者と給付の提供にあたる医療供給者（開業医，病院など）との間の法的関係（契約関係）が生じる。

　各被保険者に係る保険料額は，公的医療保険では各被保険者の負担能力に応じて算定される。このため，被保険者の健康状態，年齢，家族数

表 2-1 公的医療保険と民間医療保険の重要な相違点

	公的医療保険	代替医療保険（一般）	代替医療保険（基本タリフ）
被保険者	・被用者*，失業手当受給者，年金受給者など	・公的医療保険の被保険者でない者	・民間医療保険契約の締結義務が生じた者など
保険関係の成立	・法的加入義務（任意被保険者を除く） ・保険者は加入を拒むことができない	・被保険者と保険会社の間の私的契約 ・保険会社は契約を拒むことができる	・同左 ・保険会社は契約を拒むことができない
保険者	・疾病金庫（公法上の法人）	・保険会社（株式会社，相互保険社団，公法上の法人・組織）	・同左
給付	・範囲・水準は基本的に一律 ・医学上の必要性に応じた給付 ・現物給付が原則	・範囲・水準は商品によって異なる ・医学上の必要性及び保険商品の内容に応じた給付 ・償還払い	・範囲・水準は公的医療保険に匹敵 ・同左 ・同左
保険料	・負担能力（所得）に応じた保険料 ・家族に係る保険料負担なし ・被用者の場合には被保険者と事業主が負担	・リスク（健康状態・加入年齢・性別）や給付に応じた保険料 ・家族に係る保険料負担あり ・被用者の場合には事業主が補助	・同左（公的医療保険の最高保険料額以下） ・同左 ・同左
財政方式	・賦課方式	・積立方式	・同左
財源	・保険料と税	・保険料	・同左
保険者の財政収支	・支出は当該金庫の保険料収入だけではカバーされない	・収支均衡	・支出は当該保険会社の保険料収入だけではカバーされない
リスク調整	・あり	・なし	・あり

＊所得が年間労働報酬限度を超える者を除く。
出典：著者作成。

などは保険料額に影響しない。一方，民間医療保険では，「保険料額＝事故の確率×保険給付額」という数式で示される「給付・反対給付均等の原則」に従い，各被保険者の健康上のリスクの大きさと選択した給付の範囲および水準に応じて算定される。このため，被保険者の健康状態，保険加入年齢，受けられる給付の水準などが保険料に影響する。また，民間医療保険の場合には，家族に関しても保険料の負担が発生する。被保険者である被用者に係る保険料については，公的医療保険では被保険者とその事業主により負担され，民間医療保険では事業主からの補助が行われる。

　財政面では，公的医療保険では賦課方式が採用されているのに対して，民間医療保険では積立方式が採用されている。また，医療保険の保険給付に必要な費用は民間医療保険では保険料により賄われているのに対して，公的医療保険には保険料ほか，税を財源とする連邦補助が投入されている。財政収支に関しては，民間医療保険では各保険会社は支払い保険金支出に見合った保険料収入が得られるように保険料の水準を設定する。一方，公的医療保険の場合には，必ずしも各疾病金庫の支出が当該金庫の被保険者に係る保険料収入によってカバーされるわけではない。

4. 公的医療保険における選択と競争の拡大

　公的医療保険に関する近年の改革においては，公私の医療保険の相違に変化をもたらす改正が行われた。そのなかでも，特に重要なものとして，被保険者による疾病金庫選択権の拡大，選択タリフの拡充および選択的契約の導入を挙げることができる。

(1)　疾病金庫選択権の拡大

　従来，各被保険者が加入する疾病金庫は，基本的に，被保険者の勤務事業所，勤務地等に応じて定められていた。しかしながら，1996年に

は，疾病金庫間の競争を促進する観点から，被保険者が疾病金庫を選択する権利が大幅に拡大された。この結果，公的医療保険の被保険者は，自らが加入する疾病金庫を基本的に自由に選択することが可能となった。この改革の目的は，競争を通じて，より多くの被保険者を獲得するために各疾病金庫が行う経営努力を促進することにある。この競争は，あくまでも連帯を基礎とする公的医療保険を前提としつつ，質と効率性を高めるための手段として位置づけられるものである。

　疾病金庫選択権の拡大とあわせて，リスク構造調整が導入された。リスク構造調整により，有利なリスク構造となっている疾病金庫（加入する被保険者の年齢が低く，所得が高い疾病金庫）からは拠出金が徴収され，それに基づき，不利なリスク構造となっている疾病金庫（加入する被保険者の年齢が高く，所得が低い疾病金庫）に対して交付金が支給される。リスク構造調整が行われることにより，若くて所得の高い被保険者を獲得することは疾病金庫にとって競争上の有利をもたらさないことになる。その意味で，リスク構造調整は，疾病金庫がより有利なリスク構造となるように若くて所得の高い被保険者を獲得しようとすること（いわゆる「リスク選別」）を排除し，公平な競争の前提条件を作り出すものである。

　この競争において各疾病金庫が行う努力の対象としては，加入する被保険者に適用される保険料率の水準を抑えることや窓口対応の改善など被保険者サービスの向上を図ることが中心となっている。一方，提供する給付に関しては，疾病金庫による努力の余地は限られていた。その理由は，公的医療保険による給付の範囲や水準は法律等により一律に定められ，また，医療保険の給付として行われる医療に関して，疾病金庫が個別の医療供給者と異なる内容の契約を締結することは認められてこなかったためである。

(2) 選択タリフの拡充

このような状態を改善するため，疾病金庫が被保険者に対して通常の給付範囲と保険料の組み合わせにかわって「より高い給付とより高い保険料」，「より低い給付とより低い保険料」のような組み合わせである選択タリフを提供する制度の拡充が行われた[26]。これにより，各疾病金庫は被保険者に対して広範な選択タリフを提供することが可能となり，また，すべての被保険者は，加入する疾病金庫が提供する選択タリフを選択することが認められた[27]。選択タリフの拡充が行われたことにより，疾病金庫間の競争の対象は，被保険者に対するより魅力的な選択タリフの提供にも拡大したということができる。

選択タリフのなかには，選択した被保険者が，各給付分野をまたがる包括的なサービスを提供する「統合供給」，家庭医がゲートキーパーとしての役割を担う「家庭医を中心とした医療供給」，慢性病の患者に継続的な治療を提供する「疾病管理プログラム」などに参加することにより報奨金の支払い[28]または一部負担金の免除が受けられるものがある。

また，選択タリフのなかには，「免責」や「保険料還付」を組み入れたものも含まれている。「免責」を組み入れたタリフを選択した被保険者は，免責額までは本来は疾病金庫が負担しなければならない費用を自ら負担する。そのかわりに当該被保険者は疾病金庫から報奨金の支払いを受けることができる。また，「保険料還付」を組み入れた選択タリフを選択した被保険者は，一年間給付を受けなかった場合には疾病金庫から報奨金の支払いを受けることができる。

---

26) 選択タリフおよび選択的契約の詳細については，第4章4.を参照されたい。
27) それ以前は，任意被保険者にのみ選択タリフの選択が可能とされていた。
28) 報奨金は保険料を軽減する趣旨のものである。しかし，2009年に健康基金が導入され公的医療保険の保険料は統一的に徴収されることになったため，報奨金の支払いという形態をとることになった。

(3) 選択的契約の導入

前述の「統合供給」および「家庭医を中心とした医療供給」を含む特定の分野においては，疾病金庫の連合会と医療供給者の団体との間での契約（団体契約）にかえて，疾病金庫が個々の医療供給者やそのグループとの間で契約を締結することが認められた（選択的契約）。この結果，疾病金庫は個別の医療供給者と協力して被保険者のニーズにより適合した質の高い医療供給を実現することにより，他の疾病金庫との差別化を図ることが可能となった。

(4) 公的医療保険の民間医療保険への接近

このように，公的医療保険においては，公私の医療保険の相違に大きな影響を与える改正が行われた。被保険者による疾病金庫選択権の大幅な拡大は，保険者である疾病金庫の経営努力を促進することを目的としている。この改正により，公的医療保険の被保険者は，民間医療保険の被保険者が保険会社を選択するのと同様に，自らが加入する疾病金庫を自由に選択することが可能となった。一方，疾病金庫は，民間医療保険における保険会社と同様に，加入する被保険者の獲得をめぐって互いに競争する立場に立つことになった。

選択タリフの拡充，選択的契約の導入などは，競争を通じて促進される疾病金庫の経営努力の対象を給付の質にまで拡大することを目的としている。この改正により，疾病金庫は，被保険者に対して様々な選択タリフを提供することが可能となった。また，選択的契約の導入により，疾病金庫は，個別の医療供給者と協力して他の疾病金庫よりも被保険者のニーズに適合した質の高い給付を実現することが可能となった。一方，被保険者は，自分の好みやニーズに合った給付を提供する疾病金庫や，加入疾病金庫が提供する給付と保険料の組み合わせを自ら選択することが可能となった。このように，選択タリフの拡充などが行われたことに

より,法律等に基づき各疾病金庫が一律の給付を提供することを原則としてきた公的医療保険の中に,民間保険的な要素が取り入れられた。

そのなかでも,「免責」や「保険料還付」を組み入れた選択タリフは,医療保険の給付を少ししか受けない,または全く受けない被保険者に対して,報奨金の支払いを行うことにより保険料負担の軽減を行おうとするものである。このことは,個々の被保険者からその者の負担能力(所得の多寡)に応じて保険料を徴収し,医療上の必要性に応じて給付を行うことにより社会的調整を行ってきた公的医療保険の中に,民間医療保険の場合に適用される「リスクに応じた保険料」の考え方を一部導入したことにほかならない。

以上のように,疾病金庫選択権の拡大やそれに対応した選択タリフの拡充,選択的契約の導入などは,公的医療保険における選択と競争を拡大することにより,公的医療保険を民間医療保険に接近させるものであるといえる。

5. 民間医療保険への公的関与の拡大

公的医療保険だけでなく,公的医療保険を代替する民間医療保険である代替医療保険に関しても,公私の医療保険の相違に大きな影響を与える改正が行われた。

キリスト教民主・社会同盟(CDU/CSU)および社会民主党(SPD)による大連立政権のもとで2007年に制定された公的医療保険競争強化法(GKV-WSG)[29]においては,代替医療保険に関する改正が重要な柱の一つとなった。代替医療保険の今後のあり方は,大連立政権を構成する両党の間で政治的に最も対立的なテーマとなっていた。CDU/CSUは代替医療保険を将来においても維持したいと考えていた。これに対して,

---

29) GKV-Wettbewerbsstärkungsgesetz vom 26. 3. 2007, BGBl. I S. 378.

SPDは，全居住者を対象にした「国民保険」を導入することにより民間医療保険の役割を付加医療保険に限定するか，あるいは，代替医療保険の被保険者にも公的医療保険の被保険者と同様のルールに従い所得に応じた保険料を負担させることを企図していた。このような状況下で，将来の代替医療保険のあり方をめぐっては対立的な議論が繰り広げられた。最終的には，代替医療保険の契約締結義務が新たに導入され，すべての者は公私いずれかの医療保険に加入することが義務づけられた。この契約締結義務の導入に伴い，民間医療保険である代替医療保険に対する公的な関与が拡大された。

(1) 民間医療保険契約の締結義務

2009年1月以降，ドイツに居住するすべての者には，保険契約法[30] 第193条第3項に基づき保険会社と医療保険に関する契約を締結することが義務づけられた。ただし，公的医療保険に加入している者などはこの義務が免除される。これにより，すべての居住者が公的医療保険または民間医療保険のいずれかの加入者となる。

契約締結義務の対象となる民間医療保険は少なくとも外来および入院による治療費用の償還を行わなければならず，また，その免責額が1暦年当たり5000ユーロを超えてはならない[31]。さらに，被保険者に安定的な医療保障を行う観点から，保険会社側からこの民間医療保険に関する契約を解除することは認められない。

ドイツの公的医療保険は，創設以来120年以上にわたって「社会的保護の必要性」が認められる者だけをその対象としてきた。つまり，それ以外の者については，疾病のリスクに対して自ら備えることができるものとされてきた。この場合にどのような方法をもって自ら備えるかはこ

---

30) Versicherungsvertragsgesetz vom 23. 11. 2007, BGBl. I S. 2631.
31) 2007年3月までに締結された民間医療保険契約はこの条件を満たしているとみなされる。

れまで各人の判断に委ねられてきた。しかし，民間医療保険契約の締結義務が導入されたことにより，その方法が民間医療保険によって医療保障を受けることとされたわけである。

(2) 基本タリフ

この改正により，公的医療保険への加入義務がなく，公的医療保険の任意被保険者にも，民間医療保険の被保険者にもなっていない者は，新たに民間医療保険契約を締結しなければならなくなった。その中には，自ら零細な事業を営み，高い保険料を負担することが困難な者が含まれると考えられた。このため，このような者が，給付の範囲および水準が公的医療保険と同等の基本タリフ（Basistarif）に基づく代替医療保険の契約を締結することを可能にするための改正が行われた[32]。

これにより，代替医療保険を運営する保険会社は2009年から各社統一的な基本タリフに基づく保険を提供することが義務づけられた。また，被保険者となりうる者から申請があった場合，保険会社はその者と基本タリフに基づく保険契約を締結することが義務づけられた。

基本タリフに基づく保険による給付の範囲および水準は公的医療保険の給付に匹敵するものとされる[33]。したがって，基本タリフにおいては，通常の民間医療保険の場合とは異なり，公的医療保険よりも広範で高い水準の給付は行われない。免責額としては300，600，900および1200ユーロの選択肢が用意される。

基本タリフに基づく保険の保険料は，公的医療保険のような所得に応じたものではなく，加入年齢と給付内容に応じたものとされる。また，被保険者の配偶者や子ついても保険料が徴収される。ただし，保険料は

---

32) このほかに，新たに任意被保険者になってから6ヵ月以内の者，官吏などで補完的な保険が必要な者，2009年1月以降に民間医療保険会社と民間医療保険の契約を締結したものなどが，基本タリフに基づく保険に加入することが可能である。
33) 具体的な内容は，法律に定められた基準に基づき，民間医療保険連合会により定められる。

公的医療保険の最高保険料額を超えてはならず[34]。また，特別にリスクの高い者に保険料のリスク加算を求めることや給付の除外を求めることは認められない。これに対応して，基本タリフに基づく保険に加入する者のリスクの違いが各保険会社に及ぼす財政的な影響を調整するため，保険会社間でのリスク調整が行われる。

なお，基本タリフに基づく保険の導入については，保険会社などから「職業の自由」などを侵害するとして連邦憲法裁判所に憲法異議が申し立てられた。同裁判所は，基本タリフに基づく保険が保険会社の職業遂行に制約を加えるものとしたうえで，それが職業遂行を不可能にするものではないこと，また，加入者に適切な保障を確保するうえで契約締結義務を課すことが必要であることなどを理由として，この憲法異議を棄却した[35]。

(3) 民間医療保険の公的医療保険への接近

基本タリフに基づく保険における給付の範囲および水準については公的医療保険に匹敵するものとされており，保険者と被保険者の間の契約により自由に定めることはできない。一方，保険料については，公的医療保険の最高保険料額が限度とされており，また，リスク加算や給付の除外が認められないため，「給付・反対給付均等の原則」は守られない。この結果，基本タリフに基づく保険では公的医療保険の場合と同様に健康上のリスクの高い者と低い者との間の再分配が行われる。健康上のリスクが高い各被保険者に関しては，そのリスクをカバーするのに十分なだけの保険料を徴収することができなくなる。そこで，リスクの高い被保険者の加入率が異なることによる財政影響を保険者間で調整するため，公的医療保険で長年行われてきたのと同様にリスク調整が行われて

---

34) 最高保険料額は2016年では月額665.29ユーロとなっている。
35) この判決（Bundesverfassungsgericht, Urteil vom 10. 6. 2009-1 BvR 706, 814, 819, 832, 837/08）については，松本（2012: 107）を参照されたい。

いる。さらに，保険者の契約締結義務や契約解除禁止が設けられ，保険を開始することや維持することが保険者に義務づけられている。

以上のように，民間医療保険への基本タリフの導入は，社会保険のルールの一部を民間保険にも適用することにより，民間医療保険を公的医療保険に接近させるものであるということができる。

6. 考察

同じ医療保険であっても，社会保険の一つである公的医療保険と民間保険である代替医療保険は異なる性格を有するものであり，両者の間には，いくつかの重要な相違点が存在している。しかしながら，ドイツにおける近年の医療制度改革においては，公的医療保険と代替医療保険の間に存在するこのような相違に関して大きな影響を与える改革が行われている。

公的医療保険においては，当事者による選択や競争の余地が拡大されている。具体的には，被保険者による疾病金庫の選択権が大幅に拡大されるとともに，選択的契約の導入や選択タリフの拡充が行われ，被保険者が自分のニーズや好みに合った給付を提供する疾病金庫や，疾病金庫が提供する給付と保険料の組み合わせを選択することが可能とされた。その結果，公的医療保険においても民間医療保険の場合と同様に，保険者が被保険者の獲得をめぐって互いに競争することや，そのために被保険者にとってより魅力的な給付の提供を競う状況が作り出された。

一方，民間医療保険に関しては，公的医療保険に加入していない者への民間医療保険契約の締結義務が導入されたことに伴い，民間医療保険への公的関与が拡大されている。特に，基本タリフに基づく保険に関しては，民間保険会社側に契約締結義務が課されるとともに，リスク加算や特定の疾病を給付の対象から除外することが認められなくなった。給付の範囲および水準にも制限が設けられ，保険料の最高限度が設けられ

るなど民間保険の基本である「リスクに応じた保険料」の考え方は貫徹されなくなっている。

このように，公的医療保険においては「選択」や「競争」のように，従来は民間保険を特徴づける要素であったものが導入・拡大される一方で，民間医療保険においては，「当事者による自由な契約」，「自由な給付設計」や「リスクに応じた保険料」といった民間保険を特徴づける要素が制限されるようになってきている。それにより，公的医療保険と民間医療保険は双方向から接近し，両者を隔てる垣根が低くなっている[36]。

公私の医療保険制度にこのような変化をもたらしている要因としては，次の二つのことを指摘することができる。一つは，高齢化の進展，疾病構造の変化，医学・医療技術の進歩などに伴い医療に要する費用が増加するなかで，公的医療保険制度の持続可能性を確保するためには，質の高い医療を効率的に提供することができる制度の構築が求められていることである。また，そのための手段として，被保険者間の連帯に基づく公的医療保険についても，民間医療保険においてみられるような当事者による選択や競争を有効に活用しようとする政策がとられていることである。

もう一つは，民間医療保険が公的医療保険と並んですべての国民に対して必要な医療を可能な範囲の費用負担で受けられることを保障する役割を担うものとして位置づけられていることである。そのため，民間医療保険の被保険者が公的医療保険の被保険者と同等に包括的で，法的に安定し，かつ，継続性のある保障が受けられるよう，保険会社にもその役割に応じた制約を加えることが必要となっている。たとえば，保険会社に基本タリフに基づく保険の契約締結義務が課されなければ，重大な既往歴のある者は民間医療保険に加入できなくなる可能性がある。

---

36) このため，注35に掲げた判決の中で，連邦憲法裁判所が示した「公的医療保険競争強化法は公的医療保険と民間医療保険が並存するシステムを維持し，強化しようとするものである」との考え方はますます疑問になっている（Sodan, Schaks, 2011: 290）。

このように社会保険と民間保険が接近する動きは，ドイツだけでなく，オランダなどでもみられる。つまり，社会保険と民間保険との関係は決して固定的なものではなく，国によって，時代によって変化するものである。将来にわたり国民に対して疾病などのリスクに対する適切な保障を行っていくためには，連帯を基礎とする社会保険の枠内で民間保険的な要素を活用することや民間保険に対してその社会的な役割に対応した公的関与を強めることも検討していく必要があると考えられる。

第3章
民間保険会社の参入

ドイツ社会保険において，保険者は「自主管理を伴う公法上の法人」とされており，民間保険会社が社会保険の保険者となることは認められていない。社会保険のひとつである公的医療保険においては，公法上の法人である疾病金庫が保険者とされている。しかし，公的医療保険の改革をめぐる最近の議論においては，疾病金庫のほかに，保険会社が保険者として参入することを認める提案が行われている。
　この章では，この提案の背景および内容について検討し，公的医療保険への保険会社の参入について考察する。

1.　公私医療保険の保険者

　第2章で述べたように，ドイツの公的医療保険はすべての者に加入義務を課す仕組みとはなっておらず，公的医療保険への加入義務がない者は民間医療保険会社との間で公的医療保険にかわる民間医療保険（代替医療保険）に関する契約を締結することが義務づけられている。この結果，現状では，国民の9割が公的医療保険に，1割が公的医療保険にかわる民間医療保険に加入している。このように，ドイツにおける医療保障制度は，公的医療保険と民間医療保険の2種類の医療保険により行われる二元的医療保険システム（duales Krankenversicherungssystem）となっていることに重要な特徴がある。
　このうち，公的医療保険においては，「自主管理を伴う公法上の法人 (rechtsfähige Körperschaft des öffentlichen Rechts mit Selbstverwaltung)」である疾病金庫が保険者となっている。疾病金庫には，地区疾病金庫をはじめとする8種類の金庫が存在する。疾病金庫の自主管理は，被保険者および事業主により行われており，自主管理のための組織として労使双方から選ばれる委員により構成される管理委員会（Verwaltungsrat）と最大3人の専任の理事からなる理事会（Vorstand）が置かれている。疾病金庫などの社会保険の保険者は，法律の枠内において自

己責任によりその任務を遂行するものとされており，公的な監督の下に置かれている[1]。一方，保険会社は営業を開始する前に保険監督法[2]に基づく監督官庁の営業許可を受けなければならない。営業許可の対象は，株式会社，相互保険社団（Versicherungsverein auf Gegenseitigkeit），公法上の法人・組織に限られている。保険会社は，営業全体について監督官庁による法的および財政的な監督の下に置かれ，資本構成や投資に関するルールに従わなければならない。

2. 二元的医療保険システムの問題点

現行の二元的医療保険システムについては，次のような問題点が指摘されている[3]。

第一は，医療アクセスをめぐる問題である。医師は，同じ内容の診療を行ったとしても，民間医療保険の被保険者である患者の場合には，公的医療保険の被保険者である患者よりも高い診療報酬を得ることができる。このことは，医療アクセスに関して，民間医療保険の被保険者が公的医療保険の被保険者よりも有利な取り扱いを受けられることにつながっている。この結果，患者が医師の診療を受けるまでに待たなければならない日数が，病気の重さではなく，その患者が公民いずれの医療保険に加入しているかによって左右されるなど，加入している医療保険の違いが医療アクセスの格差をもたらしている。

第二は，公的医療保険の基礎となる「連帯」にかかわる問題点である。公的医療保険においては，各被保険者の所得に応じて保険料が徴収され，

---

[1] 対象地域がひとつの州の範囲内を越える保険者については連邦保険庁（Bundesversicherungsamt）が，対象地域がひとつの州の範囲内にとどまる保険者については州の社会保険担当当局が監督を行う。
[2] Versicherungsaufsichtsgesetz vom 1. 4. 2015, BGBl. I S. 434.
[3] これらの問題点は，Lauterbach（2004）および Kingreen, Kühlung（2014）による。

それをもとに，保険料の多寡ではなく，医療上の必要性に応じた医療給付が行われる。これを通じて，公的医療保険においては，健康上のリスクの高い者と低い者，所得の高い者と低い者，家族の多い者と少ない者との間の再分配（社会的調整）が行われている。しかし，現状では，官吏および自営業者のほか，所得が年間労働報酬限度を超える被用者も，公的医療保険の加入義務が免除されている。このため，これらの者は公的医療保険にかわる民間医療保険に加入することにより，公的医療保険における再分配から逃れることが可能となっている。このことには，公平の観点からの問題がある。

　第三は，公的医療保険と民間医療保険の関係に関する問題点である。すべての人に，公民いずれかの医療保険への加入が義務づけられてはいるが，各人には公民いずれの医療保険に加入するかを選択する権利は基本的に認められていない。大部分の者の場合には，その者の職業や所得の額により公民いずれの医療保険に加入するかが決まる仕組みとなっている[4]。このため，公的医療保険とそれにかわる民間医療保険が並存しているものの，加入者の獲得をめぐって両者が互いに競争する立場にはなく，公的医療保険の場合は民間医療保険，民間医療保険の場合には公的医療保険との競争に勝つために加入者の要望に応えようと努力することを促す誘因が欠けている[5]。

　第四は，公的医療保険と民間医療保険の対象者の区分に関する問題点

4）　公的医療保険と民間医療保険との選択が可能であるのは，初めて就職する際にその所得が年間労働報酬限度を超えると見込まれる者などに限定されている。
5）　公的医療保険の内部では被保険者が自ら加入する疾病金庫を選択する権利が大幅に拡大され，それによって疾病金庫は相互に競争する立場に立たされている。しかし，民間医療保険の場合には，最近まで，被保険者が別の保険会社の保険に加入しようとする場合，積み立てられた高齢化引当金（第2章2.参照）については，移管が認められず，それまで加入していた保険会社に残されることになっていた。被保険者が他の保険会社に入り直すことは，このような金銭的な不利を伴うため，実際には困難であった（Kingreen 2012: 4）。したがって，民間医療保険会社間では，初めて民間医療保険に加入しようとする者の獲得をめぐる競争が存在するに過ぎなかった。

である。公的医療保険は,社会的保護が必要な者をその加入義務の対象にするとの考え方に立っている。つまり,民間医療保険は高い所得を得ている者を対象とするのに対して,公的医療保険は,所得が低いなどの理由により民間医療保険による保障が受けられない者を対象にする。

しかしながら,たとえば,自営業者の大部分は,社会的保護が本当に必要ないのかどうかの検証なしに,公的医療保険の加入義務の対象からはずされている。近年,企業の業務のアウトソーシングが進められるとともに,IT技術が進歩するなかで,アウトソーシングされた業務を請け負う「新たな自営業者」が増加している。こうした「新たな自営業者」は,手工業者(Handwerker),農業者などの従来からの自営業者とは異なり,業務のために必要な資本を持たず,また,その所得も社会保険への加入義務がある被用者の平均額を上回っているわけではない(Biebeck, 2005: 18)。

このように,公的医療保険と民間医療保険の対象者を区分するための合理的な基準を設けることが困難となっている。

第五は,給付のコントロールに関する問題である。公的医療保険とは異なり,民間医療保険の保険者である保険会社は,民間医療保険の加入者に提供される医療給付の質,価格および量に対して影響を及ぼすことができない。医学・医療技術の急速の進歩が新たな治療の可能性をひらく一方で,過剰な医療を促す恐れがあるなかで,給付をコントロールする手段を欠いていることは民間医療保険の大きな問題点となっている。

3. オランダにおける改革

このような問題点の指摘は必ずしも目新しいものではない。すでに1964年には,ドイツ連邦政府により設けられた社会調査委員会(Sozial-enquête-Kommission)が二元的医療保険システムを批判し,統一的な医療保険システムの導入を提言している(Sozialenquête-Kommission,

1966: 238)。公的医療保険と民間医療保険は高齢化や医学・医療技術の進歩がもたらす同様の課題に直面しているにもかかわらず，それから50年以上が経過した今日においても依然として二元的医療保険システムは存続している。その背景には，歴史的に形成されてきた制度により構成される二元的医療保険システムが，効率的で財政的に負担可能な医療保障の継続性に対する被保険者やその事業主の信頼を醸成していることにある（Kingreen, Kühlung, 2014: 11）。

　第2章で明らかにしたように，近年の改革においては，公的医療保険と民間医療保険を相互に接近させる方向での改正が進められている。これらの改革は，公的医療保険とそれにかわる民間医療保険が並存することを前提としており，従来の二元的医療保険システムの廃止を目的とするものではない。しかし，こうした改正の積み重ねが，将来において二元的医療保険システムにかわって統一的な医療保険システムを実現することにつながるのではないかとの期待がある（Kingreen, Kühlung, 2014: 13）。

　その背景には，ドイツと同様に二元的医療保険システムが採用されていたオランダにおいて，2006年に実施された改革により統一的な医療保険システムが実現したことがある。この改革が行われる以前の疾病金庫法[6]に基づく公的医療保険では，所得が限度額以下の被用者および自営業者に加入義務が課されていた[7]。この公的医療保険の保険者は疾病金庫（Ziekenfonds）であった。オランダの疾病金庫は，ドイツの疾病金庫のような公法上の法人ではなく，私法上の組織として位置づけられていた。オランダの疾病金庫がこのような法的形態をとっていたことは，オランダにおける医療保険の歴史を振り返ってみると理解しやすい。

　オランダにおいては，第二次世界大戦までは医療保険は民間の保険会

6）　Ziekenfondswet, Stb. 1964, 392.
7）　2005年では，被用者にかかる限度額は年3万3000ユーロ，自営業者にかかる限度額は年2万1000ユーロとされていた。

社（通常は相互保険社団）によって行われてきた。ドイツ占領下の1941年に，ドイツのビスマルク型医療保険に類似した加入義務を伴う公的医療保険が初めて導入されたが，その際にも公的医療保険の保険者である疾病金庫は私法上の法人として位置づけられた。ただし，疾病金庫が公的医療保険の保険者となるためには，保健省の下部行政組織であるCVz（College voor zorgverzekeringen）の許可が必要とされるなど，公法上の強力な指導監督の下に置かれてきた（Walser, 2005: 274）。

　一方，オランダに居住する者であって，公的医療保険への加入義務がない者（たとえば，所得が限度額を超える被用者）に対しては公的医療保険にかわる民間医療保険に加入することが義務づけられていた[8]。民間医療保険は，公的医療保険の給付範囲と同等の給付を行う標準保険を提供することが義務づけられていた[9]。標準保険の保険料は法律により定額で定められていた。

　公的医療保険の保険者および公的医療保険にかわる民間医療保険の保険者を対象として，加入者のリスク構造[10]の違いがもたらす財政的な影響を調整するためリスク構造調整が行われていた。

　オランダにおいても二元的医療保険システムを解消することを目的として，当初は急進的な改革が試みられたが，失敗に終わった。その後は公的医療保険と民間医療保険を接近させることにより変革する戦略が採用され，両者の差を徐々にならす取り組みが進められた（Kingreen, 2012: 9）。1974年に統一保険に関する報告書が公表されてから30年以上の年月が経過した2006年1月にようやく新たな医療保険法[11]が施行された。これにより，公的医療保険と民間医療保険は統合され，統一的な医療保

---

8) ドイツの場合とは異なり，公的医療保険への加入義務がない者が公的医療保険に任意加入することは認められていなかった。
9) 民間医療保険加入者の1割は標準保険にしか加入していなかった。その他の者は，リスクに応じた保険料を伴う保険契約を締結していた（Walser, 2006b: 89）。
10) 当初は年齢および性別が調整の対象とされたが，その後に障害，就労不能および慢性病が，2004年からは疾病罹患状況が対象に含められている（Walser, 2006b: 89）。
11) Zorgenverzekeringswet, Stb. 2005, 358.

険が発足した。この改革は，公平であると同時に効率的な医療保険制度の構築を目的とするものであった。

　新たな医療保険においては，職業や所得の状況を問わず，すべての居住者に対して加入義務が課された。従来の公的医療保険は，私法上の組織である疾病金庫が保険者となってはいたものの，医療保険制度自体はドイツと同様に公法上の制度であった。したがって，保険関係は，被保険者と疾病金庫との間の保険契約ではなく，法律に基づき成立した。これに対して，新たな医療保険では，私法上の保険契約を前提とした制度が採用され，すべての居住者に対していずれかの保険会社[12]との間で医療保険に関する契約を締結することが義務づけられた。ただし，医療保険の社会的性格を維持するため，医療保険法により条件が定められた（Walser, 2006a: 336）。それによると，保険者は，加入を希望するすべての者を受け入れなければならない。加入希望者の健康状態を理由として保険者が契約を拒否することは認められない。また，保険者が提供すべき給付の範囲は法律により定められている。保険料は定額保険料と所得に応じた保険料から構成され，「リスクに応じた保険料」とはなっていない。

　オランダでも，保険会社が私法上の契約に基づき新たな公的医療保険を提供することには反対意見があった。しかし，このようなモデルが採用された理由は，当事者である被保険者，保険者および医療供給者にできる限りの裁量の余地を認め，競争を強化することが，経済的，合目的的，効率的で質の高い医療を可能にすることにつながると考えられたからである（Walser, 2010: 292）。

　このようなオランダの医療保険システムをめぐる状況はドイツにおける改革の検討に重要な影響を与えた。ドイツにおいて公的医療保険と民間医療保険とを統一しようとするならば，両者の間での診療報酬の違い

---

[12]　医療保険会社には，株式会社および相互保険社団の形態をとるもののほかに，協同組合の形態をとるものがある（Walser, 2010: 291）。

や民間医療保険の高齢化引当金の存在が大きな問題になると考えられる。しかし，オランダの場合にはこのような問題は存在しないことなどから，オランダのモデルをドイツの場合に単純に当てはめることには無理がある。しかし，オランダには，公的医療保険とそれにかわる民間医療保険が並存する二元的医療保険システムがもたらす類似した問題が存在していたことから，ドイツについての検討を行うための有益な基礎になるものと考えられた（Kingreen, 2012: 1）。

4. ドイツにおける提案

（1）国民保険の提案

ドイツにおいても現行の二元的医療保険システムの問題点を解決するため，公的医療保険と民間医療保険の並存を解消し，統一的な医療保険システムに移行することが提案されている。その代表的なものは，社会民主党（SPD）やその党員であるLauterbach教授による国民保険（Bürgerversicherung）の提案である。このほかにも，レーゲンスブルク大学のKingreen教授らによる一元的居住者保険（Monistische Einwohnerversicherung）の提案などがある[13]。

前者の国民保険の提案によれば[14]，官吏および自営業者を含むすべての者に国民保険への加入義務が課される。現行制度においては，官吏および自営業者ならびに年間労働報酬限度を超える所得のある被用者（以下「官吏等」という）は，公的医療保険への加入が義務づけられておら

---

13) 統一的な医療保険への加入義務は，被用者かどうかといった人的な属性ではなく，ドイツに居住するかどうかに依存することから，「居住者保険」という言葉が用いられている（Kingreen, Kühlung, 2014: 15）。
14) 社会民主党による国民保険の提案の内容については，Beschluss des Parteivorstandes am 26. September 2011, Leitantrag für den ordentlichen Bundesparteitag der SPD 4.-6. 12. 2011 in Berlinおよび Lauterbach（2004: 48）による。

ず,代替医療保険に加入している[15]。しかし,国民保険が導入されることになれば,今後新たに官吏等に該当する者には国民保険への加入が義務づけられる。ただし,官吏等に該当するために公的医療保険への加入義務がなく,すでに民間医療保険に加入している者には,そのまま加入し続けるか,あるいは国民保険に移るかの選択が認められる。代替医療保険にすでに加入している者が国民保険に移ることを選択した場合には,当該被保険者がこれまで加入してきた代替医療保険に積み立てられた高齢化引当金[16]も国民保険に移管される。

　このような経過措置が設けられるため,国民保険の導入後も代替医療保険に加入する者は存在し続ける。しかし,この措置の対象は代替医療保険の既加入者に限られるため,代替医療保険に加入する者は徐々に減少していく。このように,国民保険への移行は,すでに民間医療保険会社との間で締結された保険契約の信頼保護に留意して,時間をかけて段階的に行われる。

　代替医療保険の加入者が減少するのに対して,民間医療保険会社で勤務する労働者の雇用を確保する観点から,公法上の法人である疾病金庫のほか,民間医療保険会社にも国民保険の提供が認められる。ただし,民間医療保険会社が提供する国民保険は少なくとも次の条件を満たさなければならない。被保険者はそれぞれの負担能力に応じた保険料を支払う。賃金に賦課される保険料は労使折半で負担される。加入を希望する者をその既往症や年齢にかかわらず受け入れる。疾病金庫の場合と同じく法律に定められた給付を現物給付として行う。国民保険のための民間医療保険会社の支出は,疾病金庫の場合と同じく,健康基金が保険料および連邦補助を財源としてそれぞれの保険者に加入する被保険者の年

---

15) 公的医療保険に任意加入する資格があり,実際に任意加入している者を除く。
16) 代替医療保険においては,法律の規定に基づき,被保険者が高齢となりより多くの医療費がかかることに備えるため,生涯にわたり必要となると考えられる標準的な費用を前提とした高齢化引当金(Alterungsrückstellung)を積み立てることが義務づけられている(第2章2.参照)。

齢,性別,疾病罹患状況などを考慮して配分する資金により賄われる。つまり,民間医療保険会社も国民保険に関する限りは,健康基金の仕組みを通じて行われるリスク調整の対象とされる。

(2) 統一的な医療保険システムの保険者

統一的な医療保険システムの導入により加入義務の対象範囲がすべての者にまで拡大されることは,公的医療保険にかわる民間医療保険(代替医療保険)を提供する民間医療保険会社の経営に重大な影響をもたらす可能性がある。なぜならば,代替医療保険による収入は民間医療保険の収入の7割以上を占めている(PKV, 2015: 41)にもかかわらず,統一的な医療保険システムが導入されれば,少なくとも新たに代替医療保険の契約を締結する者はいなくなってしまうからである。しかし,統一的な医療保険システムの導入が民間医療保険会社に与える影響は,新たな医療保険の保険者の範囲をどのように定めるかによっても違ってくる。

前述の社会民主党による国民保険の提案においては,新たな医療保険の保険者は現在の公的医療保険の保険者である疾病金庫と民間医療保険会社とされている。しかし,統一的な医療保険システムへの移行により成立する新たな医療保険の保険者については,疾病金庫に限定する案や民間医療保険会社に限定する案も提案されている。

以下では,この三つの案について,民間医療保険会社がいかなる役割を担いうるかという観点から検討する。

① 疾病金庫に限定する案

この案では,民間医療保険会社は,すべての人に新たな医療保険への加入義務が課されることにより代替医療保険の加入者を失うだけでなく,新たな医療保険の市場からも締め出されることになる。このため,この案によって,民間医療保険会社の活動に直接的な制約を加える規定が設けられるわけではないが,民間医療保険会社の「職業の自由」が侵

害される恐れがある[17])。ドイツの憲法である基本法第12条第1項は,「職業の自由」の基本権として,職業,職場などを自由に選択し,かつ,実施する権利を保障している。この規定は,自然人だけでなく,民間医療保険会社のような私法上の法人にも適用される(Schräder, 2008: 297)。

「職業の自由」に制限を加えることは基本的に可能ではある。ただし,新たな医療保険において保険者を公法上の法人に限定しなければその目的を達成できない場合にのみ,民間医療保険会社を完全に締め出すことが認められると考えられる。しかし,次のような理由からこのような条件は満たされない。

第一に,歴史的にみると,公法上の法人である疾病金庫は必ずしも連帯に基づく公的医療保険に不可欠の構成要素とはいえない。なぜならば,公的医療保険の保険者である疾病金庫のうち代替金庫(Ersatzkasse)はかつて私法上の組織形態をとっていた。

第二に,私法上の組織形態と連帯に基づく保険システムとは考え方として決して矛盾するものではない。その具体例の一つとなるのは,民間医療保険に加入している被保険者に対して社会法典第11編第23条により加入義務が課されている民間介護保険である。この民間介護保険に対しては,その社会的役割に見合った仕組みとなるように規制が行われている(社会法典第11編第23条,第110条および第111条)。この民間介護保険による給付の種類や範囲は公的介護保険と同等でなければならない。保険会社には契約締結義務が課され,既往歴のある加入希望者を排除することが認められず,加入者の子は保険料負担なしに保険の対象にしなければならない。また,健康状態により保険料に差を設けてはならない。さらには,この民間介護保険に関しては,保険会社間でのリスク調整も行われる。これらのことは,連帯に基づく医療保険の目的が達成できるかどうかは保険者の法的形態ではなく,保険制度に対する法的規

---

17) このことは,民間医療保険会社が疾病金庫と同じ条件で保険を提供することが求められる新たな医療保険に参入しようとする意思を有するか否かにかかわらない。

制のあり方にかかっていることを示している。

② 民間医療保険会社の参入を認める案

この案では，公的医療保険の保険者である疾病金庫だけでなく，民間医療保険会社も新たな医療保険の保険者となることが認められる。この案が実施されれば，新たな医療保険の被保険者は，疾病金庫または民間医療保険会社を自らが加入する保険者として自由に選択することができる。この案では，民間医療保険会社は，第1案と同様に代替医療保険の新たな契約を獲得できなくなるが，代替医療保険にかわって，新たな医療保険の契約を獲得することが可能となる。したがって，この案の場合には民間医療保険会社の「職業の自由」に対する介入の程度が低いといえる。

しかし，そのことだけで基本法第12条第1項に抵触する恐れがなくなるというわけではない。なぜならば，保険者が民間医療保険会社の場合であっても，新たな医療保険においては連帯に基づく社会保険の重要な要素が維持されるよう，厳しい規制が行われることになるからである。たとえば，社会民主党の国民保険に関する提案によれば，前述のとおり，民間医療保険会社の提供する国民保険が疾病金庫と同等のものになるように，民間医療保険会社にも疾病金庫の場合と同じ条件が適用される。このような条件は，民間保険の基本的考え方を大きく逸脱しており，民間医療保険会社は「リスクに応じた保険料」をはじめ民間保険の本質的な要素を維持することができなくなる。

したがって，民間医療保険会社の活動にこのような強い介入を行うことは，民間医療保険会社には新たな活動分野がひらかれることや，公平で効率的な医療保障制度が実現されることにより公共の福祉が高まることにより正当化される必要があると考えられる。

この案のもう一つの大きな問題点は，一つの保険制度の中に異なる法的形態の保険者が存在することにより，保険者間の公平な競争の確保が

困難になることである。なぜならば，公法上の法人である疾病金庫と私法上の法人である民間医療保険会社との間には，保険者にとって重要な税法およびカルテル法上の規定，さらには基本法に定める基本権に関して，法的形態の違いに由来する相違があり，そのことが競争条件の違いを生み出すことになるためである。

③　民間医療保険会社に限定する案

この案では，民間医療保険会社にのみ新たな医療保険の保険者となることが認められる。この場合の民間医療保険会社の具体的な法人格としては，保険を行うための私法上の法人である相互保険社団とすることが提案されている。相互保険社団は，従来から，保険監督法に基づき保険会社として営業することが認められる組織形態のひとつである。2016年4月現在で，民間医療保険連合会（Verband der Privaten Krankenversicherung〈PKV〉）加盟の保険会社のうち24社が株式会社，18社が相互保険社団の形態をとっている（PKV, 2016)[18]。相互保険社団は，同種のリスクにさらされた者がリスク共同体を組織するという保険の基本理念が有効に働く組織形態である。相互保険社団は私法上の社団であるが，その構成員は公法上の法人である疾病金庫の場合と同様である。すなわち，相互保険社団の構成員は被保険者のみであり，株式会社の場合のように株主と被保険者の利害が異なる恐れはない。このような理由から，相互保険社団が新たな医療保険の保険者として適当であるとされている。

この案であれば，第2案の場合のような異なる法的形態の保険者が並存することによる競争上の問題は生じないことになる。しかし，この案の場合にも，保険者である民間医療保険会社には，その提供する保険に対して連帯に基づく社会保険の重要な要素が維持されるよう厳しい規制が行われることになるので，「職業の自由」との関係においては第2案の

---

[18]　民間医療保険連合会は民間医療保険と保険会社の利益を代表する組織である。民間医療保険市場の大部分は同連合会加盟の保険会社で占められている。

場合と同様の問題点が存在する。

5. 考察

　以上みたように，ドイツの医療保険改革をめぐる議論の中では，「自主管理を伴う公法上の法人」である疾病金庫に限られてきた保険者の範囲を見直すことが重要なテーマの一つとなっている。そのなかでは，私法上の法人である民間医療保険会社にも連帯に基づく公的な医療保険の保険者となることを認める提案が行われている。

　このような議論は，主に，公的医療保険とそれにかわる民間医療保険から構成される現行の二元的医療保険システムに内在する問題点を解決するため，一元的な医療保険システムへの転換を行うこととの関連において行われている。このため，議論の中心は，一元的な医療保険システムへの転換後の新たな医療保険における保険者を現在の疾病金庫に限定するのか，それとも民間医療保険会社が保険者となることを認めるのかにある。その背景には，一元的な医療保険システムへの転換により，民間医療保険会社はその収入に大きな比重を占めている代替医療保険の新規契約を得ることができなくなることがある。

　したがって，この問題についての検討においては，次のことが中心的な論点となっている。ひとつは，転換後の新たな医療保険から民間医療保険会社を締め出すことが基本法の保障する「職業の自由」に抵触しないかということである。もうひとつは，民間医療保険会社の参入を認めるとするならば，連帯に基づく新たな医療保険の保険者となる民間医療保険会社に対して民間保険の基本的な要素が維持できなくなるような厳しい条件を課すことが「職業の自由」に抵触することにならないかということである。しかし，民間医療保険会社への配慮だけでなく，連帯を基礎とする一元的な医療保険システムにおいて公平な競争を確保する観点からも保険者のあり方についての議論が行われている。

これらの議論においては，次のことが前提となっている。公的医療保険が連帯を基礎とすることと私法上の法人を保険者とすることは，必ずしも相対立するものではない。すでにオランダの医療保険やドイツの介護保険の例が示すように，提供する保険について必要な法的規制を行うことにより，私法上の法人が連帯を基礎とする公的医療保険の保険者となることは可能である。

　公的医療保険の保険者が公法上の法人である疾病金庫に限定されてきた理由は，社会的保護が必要な者を対象に，疾病のリスクに関して連帯に基づく保障を行うという公的医療保険の目的を達成するうえで，疾病金庫を保険者とすることが適切であると考えられたからである。かつての公的医療保険においては，被保険者に対する給付と保険料の徴収を法律に定められたとおり確実に実施することが保険者の第一義的な任務とされてきた。しかしながら，第2章で述べたように，近年においては，給付の質や経済性の向上を図ることを目的として，公的医療保険のなかにも選択や競争といった民間保険的な要素が取り込まれるようになってきており，公的医療保険のあり方には大きな変化が起こっている。そのなかでは，公法上の法人としての制約を受ける疾病金庫に対しても，自己決定の余地が拡大され，民間企業のような行動をとることが一層求められるようになってきている。

　このような変化に伴い，保険者の法的形態のあり方は，一元的な医療保険システムへの転換が行われるかどうかとかかわりなく，現行の公的医療保険においても，すべての者に質の高い医療を効率的に保障するという目的を達成する観点から検討されるべき課題になっていると考えられる。

第4章
社会保険における選択と競争

当事者による選択や競争は社会保険とは相いれないものと考えられがちである。しかし，ドイツでは社会保険のひとつである公的医療保険における給付の質と効率性を高めるための手段として，当事者間の競争を積極的に活用する政策がとられている。公的医療保険に関する近年の改革はいずれも競争をその旗印として掲げており，競争はドイツ医療保険を理解するひとつの鍵となる概念となっている。
　この章では，ドイツの公的医療保険における改革についての検討をもとに，社会保険における選択と競争について考察する。

1. 社会保険における競争

　民間保険において個々の保険加入者が支払う保険料は，その者が受け取る保険金の数学的期待値，すなわち，その者の「事故発生確率」に「事故が発生した場合の保険金額」を乗じた額に等しくなるよう設定される（「給付・反対給付均等の原則」）。つまり，民間保険の場合の保険料額は各人のリスクの大きさに応じたものとなる。一方，社会保険においては，給付・反対給付均等の原則は適用されず，保険料は各被保険者が得ている所得の額などに応じて設定される。この仕組みを通じて，社会保険においては，所得の高い者と低い者，リスクの高い者と低い者との間の再分配（社会的調整）が行われる。社会保険はこのような意味における被保険者間の連帯に基づき構築されている制度である。いずれの保険においても，保険が対象とする事故が生じた者と生じなかった者との間で再分配が行われるが，社会保険における社会的調整は通常の保険で行われる再分配を超えるものである（Bieback, 2012: 1）。
　このため，通常の市場経済において重視される競争は，社会保険とは相いれないものと考えられがちである。しかし，競争が社会保険とは無縁のものであるとは言い切れない。現に，日本においても，公的医療保険の給付としての医療を行う医療供給者（病院，診療所など）は，患者

である被保険者の獲得をめぐって互いに競争する立場に立っている。このような競争が成立する背景には，公的医療保険の被保険者には医療保険の給付としての医療を受けるために受診する医療供給者を自ら選択する権利が認められていることがある（健康保険法第63条第3項）。

社会保険における給付は，現金を支給する現金給付または財・サービスを支給する現物給付として行われる。公的年金保険による年金給付のような現金給付については，保険者は受給権者に対して法律に定められたとおりに現金を支給することが求められる。このため，現金給付の場合には，給付そのものの質と効率性を高めることは議論とならない[1]。

これに対して，公的医療保険による医療給付のような現物給付の場合には，給付としての医療の質や効率性が問題となる。なぜならば，同じ患者に対しても，患者の要望により適合し，かつ，より効果的な医療をより少ない費用で提供する余地が存在するからである。

公的医療保険の現物給付として提供される医療の質と効率性を改善するための手段としては，国などによる「公的な介入」のほかに，「当事者団体[2]の間での交渉・合意」および「当事者間での競争」が考えられる。それぞれの手段にどのような比重が置かれるかは，医療保険制度の発展過程，公的医療保険における当事者間の関係，国の統治に関する基本的な考え方などの違いを反映して，国による大きな相違がみられる。社会保険としての医療保険により医療保障が行われている国のなかでも，たとえば，フランスでは公的な介入を強化する方向での政策に，ドイツでは当事者間の競争を推進する方向での政策にそれぞれの特徴がみられる[3]。

1） 現金給付の場合でも，事務手続きや被保険者への助言・情報提供などについては，質や効率性の改善の可能性がある。
2） ドイツの場合は，保険者の団体である疾病金庫連合会や，医療供給者の団体である保険医協会，ドイツ病院協会などを指す。
3） 医療保険における競争を推進する方向での政策がとられている国としては，ドイツのほかにオランダやスイスを挙げることができる。

ドイツの公的医療保険においても，給付の質と効率性を高めるための手段としては，公的な介入や当事者団体間での交渉・合意が重要な役割を演じている。たとえば，各州は病院計画を策定し，計画に基づく病院整備に公費助成を行うことにより，地域の医療需要に適合した病院の整備を進めている。また，公的医療保険による外来診療を担当する開業医（保険医）に支払われるべき診療報酬の総額は，保険医の団体である保険医協会と保険者である疾病金庫の連合会との間の交渉に基づき外来診療に対する地域の需要を勘案して合意される。また，公的医療保険の給付として行われる医療に関する指針は，医療供給者の団体（連邦保険医協会およびドイツ病院協会）と疾病金庫の団体（疾病金庫連邦中央連合会）により組織される共同連邦委員会（Gemeinsamer Bundesausschuss）で決定される。近年の医療制度改革においては，これらとあわせて公的医療保険における競争を推進する政策がとられているというわけである。

2. 公的医療保険における三者関係と競争

　公的医療保険の現物給付として医療が行われる場合には，被保険者，保険者および医療供給者の三者相互の関係が生じる。①被保険者は，医療保険に加入し，保険者に保険料を支払うことにより，病気になったときには保険者に対して給付を請求することができる。②これに対して，保険者と契約を締結した医療供給者から当該被保険者に必要な医療サービスや薬剤などが提供される。③保険者は医療供給者との診療内容や診療報酬に関する契約等を通じて適切な質の医療が十分に提供されることを確保する。
　ただし，日本の公的医療保険の場合には，保険者と医療供給者との間の契約等にかわるものとして，厚生労働大臣による保険医療機関の指定，保険医療機関および保険医療養担当規則の制定，診療報酬算定基準の定めが行われている。

図 4-1 競争が行われる分野

注) 矢印は選択の方向を示す。
出典：著者作成。

　一般に，医療保険における競争は図 4-1 で示される三つの領域で行われる可能性がある。第一は，被保険者と医療供給者との関係である (a)。被保険者が受診する医療供給者を自ら選択できることにより，患者である被保険者の獲得をめぐる医療供給者間の競争が行われる。

　第二は，保険者と被保険者との関係である (b)。被保険者が加入する保険者を自ら選択できることにより，被保険者の獲得をめぐる保険者間の競争が行われる。

　第三は，医療供給者と保険者との関係である (c)。個別の保険者と医療供給者が診療内容や診療報酬に関する契約について交渉し，合意できることにより，契約内容をめぐる競争が行われる。ここでは，医療供給者および保険者の双方による選択が行われる。医療供給者との間の契約より，自らの被保険者に対してより低い費用で，より質の高い医療が提供されることを確保できた保険者は，他の保険者との競争において有利な立場に立つことが可能となる。そうなれば，被保険者の獲得をめぐる保険者間の競争の対象は，被保険者が受けることのできる給付の内容や質にまで及ぶことになる。また，医療供給者は，より有利な条件を提示する保険者との間で契約を締結することができる。

　この三つの分野での競争の状況をみると，ドイツの公的医療保険では，被保険者が受診する医療供給者を選択することが認められている (a)。

また，被保険者は加入する保険者を選択することも認められており，これにより，医療供給者間だけでなく，保険者間でも競争が行われている(b)。さらに，医療供給者と保険者との間でも，団体間での契約だけでなく，特定の分野では個別の保険者と医療供給者が契約を締結することが認められており，その限りにおいては契約内容をめぐる競争が行われている(c)。

3. ドイツの公的医療保険における保険者間の競争

(1) 疾病金庫選択権の拡大

ドイツの公的医療保険の保険者は，労使により自主管理される公法上の法人である疾病金庫である。疾病金庫として地区疾病金庫（AOK）など6種類の金庫が定められており，その総数は2016年1月現在で118となっている（表4-1）。多数の分立する疾病金庫のなかで各被保険者が加入する疾病金庫については，従来は法律の規定に基づき基本的に当該被保険者の勤務事業所，勤務地などに応じて定まる仕組みとなっていた。被保険者が加入する疾病金庫を選択することは限定的に認められているにすぎなかった[4]。

このような制度においては，疾病金庫に対して，加入する被保険者の利益や好みに配慮することや，給付の質，効率性および効果を改善するために医療供給者と熱心に交渉することへの誘因が働かなかった。このため，疾病金庫はあたかも資金の管理をするだけの組織のようになっていた。このような問題に対処するため，疾病金庫には，企業的な考え方

---

[4] 地区疾病金庫，企業疾病金庫および同業疾病金庫の加入者には，代替金庫（Ersatzkasse）への加入を選択することが認められていた。しかし，代替金庫はその定款により受け入れる被保険者の範囲を「ホワイトカラー（Angestellte）」，技術者（Techniker）などと定めていた。このため，特に「ブルーカラー（Arbeiter）」である被保険者の場合には加入できる代替金庫の範囲は限定されていた。

表 4-1　疾病金庫の種類と数（2016 年 1 月）

種類	数
地区疾病金庫	11
企業疾病金庫	93
同業疾病金庫	6
農業疾病金庫	1
ドイツ年金保険　鉱夫組合・鉄道・海員	1
代替金庫	6
計	118

出典：BMG（2016a: 114）を基に著者作成。

や行動をその組織のなかに取り入れ，自らの「顧客」となる被保険者の利益に貢献し，給付の質と効率性の向上のために医療供給者と積極的に交渉することが求められた（Boroch, 2016: 7）。

　また，被保険者には加入する疾病金庫を自由に選択する権利が認められていないにもかかわらず，疾病金庫間での保険料率の格差が拡大するという状況は，憲法上求められる被保険者間の平等取り扱いに関して問題があると考えられた[5]（Just, 2014: 1473）。

　このため，1992 年に制定された医療保障構造法[6]により，疾病金庫間の競争を通じて公的医療保険による給付の質と効率性を高めることを目的として，被保険者が加入する疾病金庫を選択する権利が大幅に拡大された[7]。この結果，疾病金庫は被保険者の獲得をめぐって互いに競争する立場に立つことになった。疾病金庫には被保険者の受け入れ義務が課され，被保険者が選択の対象となりうる疾病金庫への加入を希望する場合

---

5)　この点に関する連邦憲法裁判所の考え方は，Entscheidung des Bundesverfassungsgerichts 89, 365, 376 ff. において示されている。
6)　Gesundheitsstrukturgesetz vom 21. 12. 1992, BGBl. I S. 2266.
7)　この結果，被保険者は，就労地もしくは居住地の地区疾病金庫，就労地もしくは居住地を管轄する代替金庫，就労している事業所の企業疾病金庫もしくは同業疾病金庫，規約により外部にも開放している企業疾病金庫もしくは同業疾病金庫，直近に加入していた疾病金庫または配偶者の疾病金庫のなかから加入する疾病金庫を選択することが可能となった。現在では，これらに加えて，医療保険の保険者としての「ドイツ年金保険　鉱夫組合・鉄道・海員」が選択可能な疾病金庫となっている。

には，当該疾病金庫がその者の受け入れを拒否することはできないとされた。一方，強制被保険者は選択した結果に1年間拘束され，選択した疾病金庫に最低1年間は留まらなければならないとされた[8]。

　疾病金庫選択権の拡大は，より多くの被保険者を獲得することを目的として，各疾病金庫が保険料率の引き下げや被保険者に対するサービス向上などのための経営努力を行うことを促進する効果を持つと考えられた。なぜならば，そのような努力を行わない疾病金庫は，被保険者にとって魅力のないものとなることから，被保険者が他の疾病金庫に移動してしまい，最終的には存続できなくなる恐れがあるからである。

(2)　リスク構造調整の導入

　疾病金庫間には，加入する被保険者の年齢・性別構成，所得水準などのリスク構造に格差が存在していた（松本，2003: 185）。仮にそのままの状態で競争が行われた場合には，疾病金庫の経営努力の成果よりも，リスク構造の優劣が競争の結果を左右することになってしまう。つまり，経営努力の程度に変わりがないとしても，若くて所得の高い加入者の割合が高い疾病金庫は，医療給付のために必要な費用が少なくすみ，保険料の算定基礎となる所得の水準が高いために，低い保険料率を維持することが可能となる。このため，競争上の優位を得ることを目的として，有利なリスク構造となるよう，若くて所得の高い被保険者を獲得しようとする「リスク選別」を引き起こす恐れがある。

　こうした問題を解決し，公平な競争条件を整備することを目的としてリスク構造調整（Risikostrukturausgleich）が行われることになった。リスク構造調整が行われることにより，有利なリスク構造となっている疾病金庫は拠出金を拠出しなければならず，一方，不利なリスク構造と

---

[8]　2002年以降，強制被保険者および任意被保険者は疾病金庫の選択結果に18ヵ月拘束されることになった。ただし，当該疾病金庫が保険料率を引き上げる場合に被保険者は直ちに他の疾病金庫に移動することができることとされた。

なっている疾病金庫は交付金を受け取ることができる。これにより，リスク構造の違いが各疾病金庫に及ぼす財政的な影響が調整され，有利なリスク構造とするためにリスク選別を行うことは，それに応じて拠出すべき拠出金が増える，または，受け取れる交付金が減少するだけで，競争上の優位につながらないこととなった。

(3) 疾病金庫組織の改革

疾病金庫ついても，競争の導入に対応した内部組織の効率化と規模拡大のための改革が行われた。疾病金庫の管理組織は，従来，代議員大会（Vertretersammlung），無給の理事（Vorstand）および専任の事務局長（Geschäftsführer）から成り立っていたが，この改革により，労使双方を代表する委員で組織される管理委員会と最大3人の専任の理事からなる理事会で構成されることになった。管理委員会は規約の制定・改廃，理事の監督，基本政策の決定，予算の決定などを行うが，日々の事務執行は専門家である理事に委ねられることになった。あわせて，効率性を高める観点から疾病金庫の規模を拡大するため，地区疾病金庫の合併要件の緩和，企業疾病金庫および同業疾病金庫の設立に必要な強制被保険者数の引き上げが行われた。

(4) 意義

疾病金庫選択権の拡大とリスク構造調整の導入は，疾病金庫間の公平な競争を促進することにより給付の質と効率性を高めることを目的とするものであるが，それに加えて，公的医療保険制度に対して次のような意義を有するものといえる。

一点目は，これにより，多数の分立する疾病金庫の存在に積極的な意味づけが可能となったことである。従来，公的医療保険が多数の分立した疾病金庫により運営されていることについては，理論的に根拠づけることは困難であり，歴史的な沿革によってのみ説明が可能であった。し

かしながら，疾病金庫間の競争の導入によりこの状況は大きく変化した。なぜならば，互いに競争する多数の分立した疾病金庫の存在が制度にとって不可欠なものへと転換したからである。

二点目は，「連帯」と「競争」との両立が可能となったことである。民間保険のような「リスクに応じた保険料」の考え方をとらず，連帯に基づき構築される公的医療保険においては，各保険者のリスク構造の違いが保険料率の水準に影響を与え，競争の結果を大きく左右することになる[9]。疾病金庫選択権の拡大だけでなく，それとあわせてリスク構造調整が導入されたことにより，公平な競争が行われる前提条件が整備されるとともに，競争により促された各保険者の努力をリスク選別ではなく，給付の質と効率性を高める方向に向けることが可能となった。

三点目は，医療保険による連帯の範囲が医療保険の被保険者全体に拡大されたことである。疾病金庫間でのリスク構造調整が導入されたことにより，医療保険における連帯は，それまでのような各疾病金庫の内部での被保険者間の連帯にとどまるのではなく，疾病金庫の枠を越えた医療保険の被保険者全体での連帯へと拡大した。

4. 給付に関する選択と競争の拡大

被保険者による疾病金庫選択権が大幅に拡大されたことにより，各疾病金庫が被保険者の獲得をめぐり互いに競争する状態が作り出された。これまでのところ，各疾病金庫がより多くの被保険者を獲得するために努力する対象は，保険料率の水準を引き下げることや窓口対応の改善など被保険者サービスの向上を図ることが中心となっている。本来は，これらに加えて，被保険者のニーズに適合したより質の高い給付を行うこ

---

9) 民間保険の場合には，疾病のリスクが高い被保険者はそれに応じて高い保険料を支払うことになるため，そのような被保険者が多く加入する保険者が財政的に不利になるというわけではない。

とが疾病金庫による努力の対象となるはずである。しかし，疾病金庫が行う給付の範囲や水準は法律等により一律に定められている。また，公的医療保険の給付としての医療の提供に関する疾病金庫と医療供給者との間の契約は団体間で行われ，各疾病金庫が個別の医療供給者と異なる内容の契約を締結することは基本的に認められてこなかった。このため，提供する給付の範囲，水準，質に関しては疾病金庫による努力の余地が限られていた。近年の改革においては，このような状態を改善するために次のような取り組みが行われている。

(1) 選択タリフおよび追加給付

疾病金庫が行う給付の範囲や水準は，法律等により基本的に一律に定められており，個別の疾病金庫が給付に違いを設けることはできない。しかし，近年の改革により，限定的な範囲で各疾病金庫が給付に差を設けることが認められるようになってきている。

2007年に制定された公的医療保険競争強化法（GKV-WSG）[10]においては，疾病金庫が被保険者に提供することができる選択タリフ（Wahltarif）に関する改正が行われた。これにより，疾病金庫が被保険者に対して通常の給付と保険料の組み合わせにかわって「より高い水準の給付とより高い保険料」，「より低い水準の給付とより低い保険料」のような組み合わせである選択タリフを提供する制度の拡充および体系化が行われた。この結果，各疾病金庫は被保険者に対して広範な選択タリフを提供することが可能となった（**表 4-2**）。

選択タリフは，その内容に応じて次の三つのグループに分類することができる。

第一は，被保険者に対して給付を受けないことへの誘因を与える選択タリフである。これに属するものとしては，本来は疾病金庫が負担すべ

---

[10] GKV-Wettbewerbsstärkungsgesetz vom 26. 3. 2007, BGBl. I S. 378.

表 4-2　選択タリフの概要

免責

この選択タリフを選択した被保険者は，通常の一部負担金に加えて，免責額までは本来は疾病金庫が負担すべき費用を自ら負担しなければならないかわりに，疾病金庫から報奨金を受け取ることができる。

保険料還付

この選択タリフを選択した被保険者は，本人及びその家族被保険者（18歳未満の者を除く）が1暦年において給付を受けなかった場合には，疾病金庫から報奨金を受け取ることができる。ただし，この報奨金の額は当該暦年に支払われた保険料の1か月相当額を超えてはならない。

特別の給付形態

この選択タリフを選択した被保険者は，疾病金庫が実施する「モデル事業」，「家庭医を中心とした医療供給」，「疾病管理プログラム」又は「統合供給」に参加することにより，疾病金庫から報奨金を受け取る，または，一部負担金の軽減を受けることができる。

償還払い

この選択タリフを選択した被保険者は，疾病金庫から，民間医療保険の場合に適用されるより高い水準の医師報酬規定（GOÄ）に基づく費用の償還を受けることができる。これによって，当該被保険者は診療において民間医療保険の加入者と同等の取り扱いを受けることができるかわりに，疾病金庫に対して特別保険料を支払わなければならない。

特別の薬剤治療

この選択タリフを選択した被保険者は，通常は公的医療保険による給付の対象外である薬剤についても疾病金庫からの費用償還を受けることができるかわりに，疾病金庫に対して特別保険料を支払わなければならない。

注）「特別の給付形態」に関する選択タリフについては，すべての疾病金庫に実施することが義務づけられている。その他の選択タリフについては，各疾病金庫が任意に実施することができる。
出典：著者作成。

き費用の一部を自ら負担する被保険者に対して報奨金[11]が支払われる選択タリフ（「免責」），被保険者が1年間給付を受けなかった場合に報奨金が支払われる選択タリフなどがある（「保険料還付」）。

　第二は，被保険者に対して特別の給付形態に参加する誘因を与える選択タリフである。これに属するものとしては，「家庭医を中心とした医療供給」，疾病管理プログラム，統合供給などに参加する被保険者に対して報奨金が支払われるまたは一部負担金が軽減される選択タリフである（「特別の給付形態」）。

　第三は，被保険者がより高い保険料で，より高い水準の給付を受けることができる選択タリフである。これに属するものとしては，疾病金庫が民間医療保険と同じ水準での償還払いを行うかわりに被保険者から特別の保険料が徴収される選択タリフ（「償還払い」），医療保険による支給対象から除外された薬剤の費用を疾病金庫が負担するかわりに被保険者から特別保険料が徴収される選択タリフ（「特別の薬剤治療」）がある。

　さらに，2011年に制定された公的医療保険供給構造法（GKV-VStG）[12]により，疾病金庫は，選択タリフとは別に，医学的予防・リハビリテーション，人工授精，歯科医診療（歯科補綴を除く），薬局での販売が義務づけられていない薬剤の支給，療法手段および補助具，訪問看護および家事援助，ならびに認可を受けていない給付提供者による給付に関して，規約で定めることにより追加給付を行うことが認められた。疾病金庫が提供する選択タリフを選択するかどうかは当該疾病金庫の個々の被保険者の選択に委ねられているのに対して，疾病金庫が追加給付を実施するときは当該疾病金庫のすべての被保険者にそれが適用される。

　こうした選択タリフや追加給付の提供が認められたことは，疾病金庫間の競争の観点からは，競争の対象が被保険者に対して魅力的な選択タリフや追加給付を提供することにも拡大したことを意味している。

---

11)　報奨金は，いずれの場合も保険料を軽減する趣旨で支給される。
12)　GKV-Versorgungsstrukturgesetz vom 22. 12. 2011, BGBl. I S. 2983.

(2) 選択的契約

　疾病金庫と医療供給者との間では，団体間での交渉・合意に基づき団体契約（Kollektivvertrag）を締結することが基本となっている。しかし，近年の改革では，特定の分野において個々の疾病金庫と医療供給者との間で選択的契約（Selektivvertrag）を締結することが認められるようになってきている。そのような分野には，各供給分野（家庭医診療，専門医診療，入院療養，リハビリテーションなど）をまたがる包括的なサービス提供を行うための「統合供給（Integrierte Versorgung）」，家庭医がゲートキーパーとしての役割を適切に果たせるようにするための「家庭医を中心とした医療供給（hausarztzentrierte Versorgung）」，質に関する特別の基準を満たす「特別の外来医科診療（besondere ambulante ärztliche Versorgung）」などが該当する[13]。

　選択的契約においては，医療保険について定める社会法典第5編の医療供給者に関するルールおよびこれに関連する団体間の合意と異なる定めを行うことが認められており，診療報酬に関しても異なる定めを行うことが可能である。ただし，被保険者の給付受給権を制限する定めや一般的に定められた質に関する基準を引き下げるような定めを行うことはできない。

　このうち，「家庭医を中心とした医療供給」は，2003年に制定された公的医療保険近代化法（GMG）[14]により，疾病金庫が任意に実施することができる制度として導入された。2007年に制定された公的医療保険競争強化法では，疾病金庫はその対象地域全体をカバーするかたちで「家庭医を中心とした医療供給」を実施し，加入するすべての被保険者が身近なところでこれに参加できるようにしなければならないとされた。被

---

[13] このほかに，選択的契約の締結が可能な分野としては，補助具，家事援助などに関する供給者との契約があげられる。
[14] GKV-Modernisierungsgesetz vom 14. 11. 2003, BGBl. I S. 2190.

保険者がこの「家庭医を中心とした医療供給」に参加するかどうかはあくまでも任意である。しかし，参加を決定した被保険者は，自分の家庭医をあらかじめ選択し，他の専門医の診療については必ずこの家庭医の指示に基づいて受けることが義務づけられるかわりに，報奨金の支払いまたは一部負担金の軽減を受けることができる。

　疾病金庫は「家庭医を中心とした医療供給」を実施するために医療供給者との契約を締結する。公的医療保険競争強化法により，疾病金庫は単独でまたは他の疾病金庫と共同で個々の家庭医またはそのグループとこの契約を締結できることになった[15]。

　疾病金庫と医療供給者との間では，従来，疾病金庫の連合会と医療供給者の団体の間での団体契約の締結が前提とされてきた。このため，この両者の関係には，公平な市場競争を確保するため，企業の間で市場での競争を制限するような合意（カルテル）を行うことを禁止するなどにより，市場支配的な地位の濫用などを防止する反競争制限法（GWB）[16]の適用が除外されてきた。しかし，今後は選択的契約の範囲が拡大される方向が見込まれることから，反競争制限法の適用に関しても見直しが行われた（Orlowski, Wasem, 2007: 8）。その結果，疾病金庫と医療供給者との間にも同法の規定の一部が準用されることになり，カルテルなどの競争制限的な行為が禁止されるとともに，その遵守が連邦カルテル庁（Bundeskartellamt）により監視されることになった。ただし，保険医が被保険者に対して行う外来医科診療について各州の保険医協会と疾病金庫の州レベルの連合会と間で締結される包括契約（Gesamtvertrag）のように，疾病金庫またはその連合会が医療供給者またはその団体との間で締結が義務づけられている契約に対しては反競争制限法の準用は行われない。

---

15) 家庭医のグループからの委任を受けた場合には，保険医協会も契約の相手方になることができる。
16) Gesetz gegen Wettbewerbsbeschränkungen in der Fassung der Bekanntmachung vom 26. 6. 2013, BGBl. I S. 1750.

「家庭医を中心とした医療供給」を実施するための契約の相手方については，2008年に制定された公的医療保険組織構造発展法（GKV-OrgWG)[17]により大きな変更が加えられた。その理由は，個々の家庭医やそのグループを相手方とする選択的契約だけでは「家庭医を中心とした医療供給」に参加する十分な数の家庭医の確保ができず，疾病金庫の対象地域全体をカバーするようなかたちで「家庭医を中心とした医療供給」を実施できなかったためである（Kruse, 2012: 716）。この変更により，疾病金庫は単独でまたは他の疾病金庫と協力して，2009年6月末までに保険医協会の管轄地域において家庭医診療に従事する一般医（Allgemeinarzt）の半数を代表する団体との間で「家庭医を中心とした医療供給」を実施するための契約を締結しなければならないとされた[18]。また，当事者間で合意が成立しない場合には仲裁手続きが行われることとされた。これにより，「家庭医を中心とした医療供給」に関する契約のいわば「再団体化（Re-Kollektivierung）」が行われ，反競争制限法の適用も除外されることになった（Becker, Schweitzer, 2012: B104）。

　薬剤支給の分野でも，2003年からは個別の疾病金庫または疾病金庫連合会が個別の製薬企業との間で契約を締結することにより，薬剤の値引きについて合意することが認められた。当初，この値引き契約は実際には大きな意味を持たなかったが，2007年以降，特にジェネリックの分野では値引き契約の実効性が顕著に高まった。その主な理由は，公的医療保険競争強化法により，医師が処方した薬剤を有効成分が同じで価格のより低い薬剤に代替する際には，値引き契約の対象となっている薬剤を優先することとされたためである。薬局は，処方した医師によりそれが

---

17) Gesetz zur Weiterentwicklung der Organisationsstrukturen in der gesetzlichen Krankenversicherung vom 15. 12. 2008, BGBl. I S. 2426.
18) この契約が成立した場合には，従来から相手方として認められてきた医療供給者との間でも契約を締結することが可能とされた。つまり，家庭医診療に従事する一般医の半数を代表する団体との契約は，個々の家庭医やそのグループとの契約よりも優先する位置づけにある（Huster, 2014: 635）。

明示的に排除されていない限りおいて，処方された薬剤にかえて，有効成分が同じで価格がより低い薬剤を支給することが義務づけられている（Aut-idem-Regelung）。加えて，当該患者が加入する疾病金庫に対して効力を有する値引き契約が存在する場合には，有効成分が同じ薬剤であって値引き契約が存在する製薬企業の製品により代替することとされた。これにより，製薬企業にとっては，販売量の確保が可能となる値引き契約を締結することが魅力的なものとなった。

5. 評価と展望

(1) 保険料に関する競争

リスク構造調整の導入は，疾病金庫間での保険料率の格差を縮小させる効果をもたらした。個別の疾病金庫の保険料率をみると，最高保険料率と最低保険料率の格差は，リスク構造調整導入前の1993年7月では8.8パーセントポイントにまで広がっていたが，2000年1月では5.9パーセントポイントまで縮小した（VdAK/AEA, 2001: 38）。さらに，2008年では，選択可能なすべての疾病金庫の保険料率は13.4％から17.4％の範囲内に収斂した（SVRG, 2012: 390）。それでもなお，2008年では保険料算定限度（月3600ユーロ）に相当する所得がある被保険者の場合には，加入疾病金庫を変更することにより最大で月額72ユーロの保険料を節約することができた。疾病金庫間に保険料率の格差があるため，加入疾病金庫を変更することにより相当の保険料負担の軽減が可能であることを反映して，2000年から2008年までの間では，毎年，公的医療保険の被保険者の3〜4％が加入する疾病金庫を変更した（図4-2）。

2009年に実施された医療保険財政制度の改革は[19]，保険料の仕組みに

---

[19] 医療保険財政制度改革の詳細については，松本（2015: 49）を参照されたい。

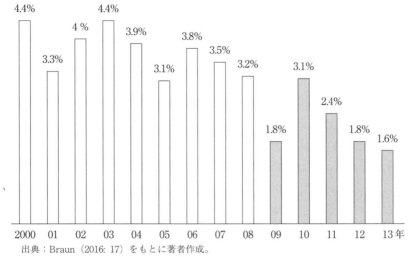

図4-2 加入疾病金庫を変更した被保険者の割合（%）

出典：Braun（2016: 17）をもとに著者作成。

も大きな変更をもたらした。ドイツにおいても，従来は，各疾病金庫がそれぞれの財政状況に応じて保険料率を設定していた。しかし，2009年からは，政府が全疾病金庫に統一的に適用される保険料率を決定することになった。保険料は従来どおり各疾病金庫を通じて徴収されるが，疾病金庫ではなく新たに設立された健康基金（Gesundheitsfonds）の収入とされる[20]。健康基金からは，保険料収入に医療保険に対する連邦補助を加えた資金がリスク構造の違いに配慮して各疾病金庫に配分される。各疾病金庫は，健康基金から配分される資金で必要な支出が賄えない場合には，被保険者から追加保険料を徴収する。

この新たな仕組みの導入後は，疾病金庫間の保険料格差は以前に比べて格段に小さくなった。これは，公的医療保険の財政が好転したことなどにより，多くの疾病金庫が追加保険料を徴収しない状況となったため

[20] 健康基金については，第6章3.を参照されたい。

である。こうした状況を反映して，2009年以降は加入疾病金庫を変更した被保険者の割合（移動率）は低下し，2009年から2013年までの間では，移動率は1.6%から3.1%の範囲にとどまっている。

しかしながら，改革後においても，追加保険料の徴収は加入者に対して他の疾病金庫に移動する強い誘因を与えている。2010年および2011年に着目すると，追加保険料の徴収は加入疾病金庫を変更する被保険者の割合を増加させることにつながったことがわかる。加入被保険者数が純減した疾病金庫の9割は追加保険料を徴収する疾病金庫であり，それらの疾病金庫は追加保険料を導入してから平均12%の加入被保険者を失った（SVRG, 2012: 391）。

2014年には「公的医療保険における財政構造と質の継続的発展に関する法律（GKV-FQWG）」[21]が制定され，2015年からは統一的な保険料率が15.5%から14.6%へと引き下げられたことにより，状況は再び大きく変化した。2016年現在では，ほとんどすべての疾病金庫が健康基金から配分する資金では必要な支出を賄うのに不足するため，追加保険料を徴収している[22]。また，追加保険料の料率には疾病金庫による違いが生じている。このため，被保険者が加入疾病金庫を選択する際には追加保険料率の高さが重要な判断基準になると考えられる。また，疾病金庫がすでに加入している被保険者をつなぎとめ，新たな被保険者を獲得するためには，追加保険料の水準をできるだけ低く抑えるよう努力することが求められている。

各種の調査結果によれば，被保険者にとっては，保険料の水準だけでなく，疾病金庫から提供される給付も重要な意味を持っている。たとえば，質の高い医療が保障されることや疾病予防のための充実した措置が

---

21) GKV-Finanzstruktur- und Qualitäts-Weiterentwicklungsgesetz vom 21. 7. 2014, BGBl. I S. 1133.
22) 各疾病金庫が徴収している追加保険料の料率は疾病金庫連邦中央連合会（Spitzenverband Bund der Krankenkassen）のホームページ（https://www.gkv-spitzenverband.de）において公表されている。

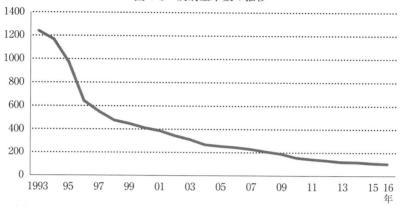

図4-3 疾病金庫数の推移

出典：GKV-Spitzenverband の公表データをもとに著者作成。

提供されることは，被保険者から高く評価されている。しかし，保険料は，各疾病金庫間での違いが明確であり，すべての被保険者にとってわかりやすいものであるのに対して，現状では各疾病金庫から提供される給付の違いはそれほどはっきりしたものではない。このため，被保険者が加入疾病金庫を変更するかどうかを決定する際には，保険料が優先的に考慮されている（SVRG, 2012: 401）。

こうした状況に対応して，疾病金庫側では，運営の効率性向上と医療供給者に対する交渉力の強化をねらいとする規模の拡大が進展している。疾病金庫の数は1993年には1200以上であったが，合併などにより1996年にはすでに650に減少し，さらに2016年年初には118にまで減少している（図4-3）。その中でも顕著に減少したのは地区疾病金庫の数である。この過程を通じて，被保険者数が上位を占める規模の大きな疾病金庫への被保険者の集中が進んだ。2015年年初では，被保険者の67%が上位10位までの疾病金庫に加入している（Boroch, 2016: 8）。このような疾病金庫の集約は，政府の主導により進められたわけではなく，競争の進展に対応するための取り組みとして各疾病金庫により自発的に行

われたものである。

　現状ではなお100を超える疾病金庫が存在し，被保険者には疾病金庫を移動する権利が認められていることから，全国的にみて特定の疾病金庫が市場支配的な地位に立つことが危惧される状況にはない (Becker, Schweizer, 2012: B 84)。しかし，対象地域が重なる疾病金庫同士が合併することにより，地域的には特定の疾病金庫が市場支配的な地位に立つ可能性がある。このため，疾病金庫についても，一般の企業の場合と同様に将来的には連邦カルテル庁による合併審査手続きの対象にすべきか，社会法的な目的と競争法的な合併審査の目的との対立が起こりうることを考慮して疾病金庫の場合に特別の合併審査手続きが必要かが議論となっている。

(2)　給付に関する競争

　給付の範囲や水準に関しては，選択タリフや追加給付の提供が認められるなど，疾病金庫が自らの判断で決定することができる余地が拡大された。また，各疾病金庫が個別の医療供給者やそのグループと医療供給に関する選択的契約を締結することができる範囲も拡大された。しかし，これまでのところ，医療供給者との契約に関する疾病金庫の裁量の余地は限定的なものとなっており，疾病金庫間の競争は給付の質や効率性に対して十分な効果を及ぼしていない。

　選択的契約の対象となる給付は，医療保険において大きな割合を占めているわけではない。特に，入院療養の分野では依然としてほとんどすべての事柄が団体契約により定められている。医療保険財政に与える効果の観点からは，選択的契約のなかでは薬剤に関する値引き契約のみが重要な意味を持っているにすぎない (Schweizer, 2012: 54)。また，「家庭医を中心とした医療供給」の場合のように，選択的契約がいったん導入されたあとに，再び団体契約が優先されることになったケースもあり，選択的契約の拡大に向けた動きが直線的に進んでいるというわけではな

い。

　その背景の一つには，医療供給者側の慎重な姿勢があげられる。20世紀初頭までは，疾病金庫と医師との間では主として選択的契約が締結されていた。その中で，疾病金庫は契約条件を主導的に決定することに個々の医師との選択的契約を活用していた。これに対抗して，医師側はストライキなどを通じて対等の立場での交渉を可能とする団体契約の導入を実現させた歴史的な経緯がある（松本，2003: 18）。今日においても，医療供給者側は選択的契約を導入することにより疾病金庫側との交渉力の均衡が崩れることに慎重な姿勢を取っている（Becker, Kingreen, 2014: 590）。

　交渉力の均衡を保つための方法としては，たとえば，複数の医師が外来診療に従事する医療供給センター（Medizinisches Versorgungszentrum）を設立することや個別の医師が職業団体に交渉権限を委任することが考えられる。しかし，それでは医療供給者間の競争を弱めてしまうことになる。したがって，選択的契約に基づく競争を促進することとあわせて，公平な競争条件を確保するとともに，競争が社会政策上の好ましくない効果をもたらさないようにする法的な枠組みが必要であるとの指摘がある（Becker, Kingreen, 2014: 591）。前述のとおり，疾病金庫と医療供給者との間の選択的契約に対しては反競争制限法の規定を準用する改正がすでに行われた。さらに，疾病金庫間や疾病金庫と被保険者の間にも反競争制限法の規定を準用するのか，あるいは，一般の市場とは異なる医療分野の特殊性を考慮した規定が必要となるのかなどが，今後の検討課題になるものと考えられる。

6.　まとめ

　以上みたように，ドイツにおいては，1990年代の半ばに，分立した保険者により運営される公的医療保険制度の特性を積極的に活かして給付

の質と効率性を高める手段として，公的主体による介入や当事者団体間の交渉・合意のほかに，当事者間の競争を活用する政策が採用された。その後の20年間においては，連帯を基礎とする公的医療保険において競争を発展させるための取り組みが進められてきた。この結果，給付に関する競争についてはいまだ十分に展開されていないが，保険料に関する競争については進展がみられており，保険料の多寡に反応した被保険者の移動が疾病金庫に対して効率性向上を促す圧力となっている。

　こうした政策は，政権の中心を担ってきた二大政党であるキリスト教民主・社会同盟（CDU/CSU）および社会民主党（SPD）の双方により進められてきたものであり，ドイツでは今後とも競争を活用する政策の方向性が維持されると考えられる。また，連帯を基礎とする公的医療保険において当事者間の競争を活用しようとする政策は，ドイツのみならず，オランダやスイスでもみられる。

　公的医療保険における競争には，その効果について大きな期待があると同時に，不安も存在している。しかし，公的主体による介入などの他の手段についても，メリットがある一方で懸念もある。「競争は連帯を基礎とする社会保険にはなじまない」という理由で競争を排除するのではなく，社会保険による現物給付の質と効率性を高めるためにどのようにすれば選択や競争が有効に活用できるのかを考えてみることが必要なのではないだろうか。

第5章
税財源投入の考え方

高齢化の進展などにともない増加する社会保障の費用を安定的に賄うことができる制度を構築することは，先進各国において重要な課題となっている。ドイツにおいては，近年，社会保障の中心的な役割を担う社会保険の財政について，支出の増加を抑制する対策だけでなく，増加する支出を賄うための財源の見直しが進められている。

　この章では，ドイツにおける社会保険の財源見直しに関する議論や実際に行われた改革をもとに，財源としての社会保険料と税の役割分担について考察する。

1. 財源の状況

(1) 社会保護の財源

　最初に，社会保険を含む広範な社会保障の諸制度からなる「社会保護」[1]の財源について，ドイツの状況を他の EU 加盟国との比較の視点から検討する。EU 統計庁（Statistical Office of the European Union〈Eurostat〉）の社会保護支出統計（European System of integrated Social Protection Statistics〈ESSPROS〉）において，「社会保護のための収入〈social protection receipts〉」は，一般政府負担（general government contributions），社会保険料およびその他の収入から構成されている[2]。さらに，社会保険料は，「事業主により負担される社会保険料」と「被保険者により負担される社会保険料」から構成されている。ドイツの「社会保護のための収入」（以下「社会保護収入」という）に占める各財源の

1） EU において「社会保護」は，その財源が税または社会保険料によるのか，管理運営が公的または私的に行われるのかにかかわらず，疾病および出産，老齢および障害，労働災害および職業病，失業などのリスクに対する社会的な保障を行う制度および社会扶助制度を含む用語として用いられている（Eichenhofer, 2015: 23）。
2） ESSPROS においては，異なる国の間での比較可能性を確保するため，社会保護の範囲を厳密に定義している。この ESSPROS における定義は，各加盟国の統計において用いられる定義と必ずしも一致しない。

表 5-1 社会保護収入の財源構成

(単位：%)

国	一般政府負担		社会保険料						その他	
			計		事業主		被保険者			
	2001 年	2010 年	01 年	10 年	01 年	10 年	01 年	10 年	01 年	10 年
ドイツ	32.1	35.8	65.6	62.4	37.9	33.5	27.7	29.0	2.3	1.8
EU	36.3	40.2	60.1	55.7	38.5	35.9	21.6	19.7	3.6	4.1

出典：Eurostat (online data code: spr rec sumt) 2016 年 6 月 6 日版をもとに著者作成。

割合は，2010年では，社会保険料が62.4%と最も高く，一般政府負担（公費負担）が35.8%，その他が1.8%となっている（表5-1）。さらに，社会保険料を「事業主により負担される社会保険料」と「被保険者により負担される社会保険料」に区分すると，社会保護収入に占める割合は，前者が33.5%および後者が29.0%となっている。これを他のEU加盟国と比べてみると，「事業主により負担される社会保険料」の割合はEU加盟国の中で中程度であるが，「被保険者により負担される社会保険料」の割合は相対的に高く，公費負担の割合は相対的に低い。

これらの割合が2001年から2010年の間にどのように変化したかをみると，公費負担の割合が32.1%から35.8%に上昇する一方で，社会保険料の割合は65.6%から62.4%へと低下している。さらに，社会保険料の内訳をみると，「事業主により負担される社会保険料」の割合は37.9%から33.5%に低下しているのに対して，「被保険者により負担される社会保険料」の割合は27.7%から29.0%に上昇している。つまり，この期間においては，公費負担および「被保険者により負担される社会保険料」の割合が高まる一方で，「事業主により負担される社会保険料」の割合が低下している。社会保護収入の財源が社会保険料から公費負担へとシフトする動きはEU全体でも見られるが，ドイツの場合には社会保険料のなかでも「被保険者により負担される社会保険料」の割合が上昇していることに特徴がある。

このような財源構成の変化をもたらした要因として考えられるのは，

社会保護の制度のなかで中心的な役割を担う社会保険において，その財源としての公費負担の割合ならびに事業主および被保険者により負担される社会保険料の構成割合が変化したことである。もう一つの要因として考えられるのは，児童手当や社会扶助など公的主体（連邦，州および地方自治体）による給付の費用が社会保護支出に占める割合が変化したことである。実際に，ドイツ労働・社会省が発表する社会保障財政に関する統計である社会予算（Sozialbudget）[3] によれば，既存制度の拡充と新たな給付制度の導入により，公的主体の支出による援護・扶助制度（Förder-und Fürsorgesystem）[4] のための費用が社会予算に占める割合は，2000年の15.4%から2010年の18.6%へと大きく増加している[5]。

　なお，2010年は，2009年に失業保険に生じた赤字を埋めるための追加的な補助が行われたことが社会保護収入に占める公費負担の割合を短期的に上昇させた。2011年以降は景気回復により社会保険料収入が増加したことにより，社会保護収入に占める社会保険料の割合が再び上昇し，公費負担の割合が低下している（BMAS, 2015: 4）。

　社会保障財源の構成割合の変化を長期的にみると，1960年代半ば以降においては税から保険料にシフトする傾向がみられたが，1990年代の初めに転換が生じ，それ以降は逆に保険料から税にシフトする傾向がみられる（BMAS, 2005: 203; BMAS, 2013: 222）。1980年代の終わりから行われてきた社会保障制度の構造的な改革において，ドイツ企業の国際競争力を維持する観点から社会保険料，なかでも「事業主により負担される社会保険料」の維持・軽減が重要な政策目標とされてきたことが，このような変化を理解するうえで重要である。

3）　社会予算では支出の範囲に税の減免措置や事業主による一定の給付が含まれているが，これらはESSPROSの社会保護給付に含まれない（BMAS, 2009: 305）。
4）　援護・扶助制度には児童手当や社会扶助などの制度が含まれる。
5）　BMAS（2011: 9）による。

(2) 社会保険の財源

社会保険の財源としての社会保険料と税の構成割合には，社会保険の種類による大きな違いがみられる。2014年現在では，収入に占める国庫補助の割合は，年金保険（鉱夫年金〈Kanppschaftliche Rentenversicherung〉を除く）では23.3%，医療保険では5.1%となっているのに対して，失業保険および介護保険では国庫補助は行われていない（表5-2）。

ただし，社会保険の財源としての社会保険料と税の組み合わせ方は，同じ種類の社会保険においても時代とともに変化してきた。年金保険に関しては，1889年に創設された障害・老齢保険（Invaliditäts- und Altersversicherung）において，各年金受給者に支払われる老齢年金は一律の基礎額（Sockelbetrag）と保険料額に応じて段階のつけられた金額から構成されていた。このうち基礎額は税を財源とする国庫補助により賄われた。このことは，障害・老齢保険に先立って実施された医療保険や労災保険においては税を財源とする国庫補助が導入されなかったのとは大きく異なる点である。これによって，保険料額およびその算定基礎となる賃金額と，受給することができる年金額との関連性が弱められる一方で，被保険者間での所得再分配効果が高められた。このような仕組みは，旧西独においては第二次世界大戦後の1957年に現在の所得比例年金が導入されるまで続いた。それ以降においては，年金保険に対する国庫補助はそれまでのように年金給付の特定部分（基礎額）の費用を負担するためのものではなく，年金財政全体への補助となった。

医療保険に関しては，制度創設以来，長年にわたり保険料のみによる運営が維持されてきた。農業疾病金庫（Landwirtschaftliche Krankenkasse）[6]の場合を除いて，従来は医療保険に対する国庫補助は行われて

---

[6] 農業疾病金庫には，農業経営者およびその家族従事者ならびに農業経営から引退した者が加入している。農業疾病金庫加入者の医療保険加入者全体に占める割合は2015年10月現在で1.0%に過ぎない（BMG, 2016a: 123）。

表 5-2　年金保険・医療保険・失業保険に対する国庫補助の推移

（金額の単位は 10 億ユーロ）

年	2002	2003	2004	2005	2006	2007	2008
年金保険（注1）							
収入総額（a）	215.5	223.9	224.7	224.2	235.9	231.3	237.4
連邦補助（b）	49.3	53.9	54.4	54.8	54.9	55.9	56.4
割合（b/a）	22.9%	24.1%	24.2%	24.4%	23.3%	24.2%	23.8%
医療保険							
収入総額（a）	139.7	141.1	144.3	145.7	149.9	156.1	162.5
連邦補助（b）（注2）	—	—	1.0	2.5	4.2	2.5	2.5
割合（b/a）	—	—	0.7%	1.7%	2.8%	1.6%	1.5%
失業保険（注3）							
収入総額（a）	50.9	50.6	50.3	52.7	55.4	42.8	38.3
連邦負担（b）	5.6	6.2	4.2	0.4	0.1	6.5	7.6
割合（b/a）	11.0%	12.3%	8.3%	0.8%	0.2%	15.2%	19.8%

年	2009	2010	2011	2012	2013	2014
年金保険（注1）						
収入総額（a）	239.3	244.7	249.4	254.3	254.7	263.5
連邦補助（b）	57.3	59.0	58.9	60	59.9	61.3
割合（b/a）	23.9%	24.1%	23.6%	23.6%	23.5%	23.3%
医療保険						
収入総額（a）	172.2	175.6	183.8	189.7	195.9	204.2
連邦補助（b）（注2）	7.2	15.7	15.3	14	11.5	10.5
割合（b/a）	4.2%	8.9%	8.3%	7.4%	5.9%	5.1%
失業保険（注3）						
収入総額（a）	34.3	37.1	37.6	37.4	32.6	33.7
連邦負担（b）	7.8	7.9	8.0	7.2	0.2	—
割合（b/a）	22.7%	21.3%	21.3%	19.3%	0.6%	—

注1)　鉱夫年金を除く。
注2)　保険になじまない給付に対する連邦補助（社会法典第5編第221条）の額。
注3)　失業保険の保険者である連邦雇用エージェンシーの収入及び連邦の負担額。
出典：年金保険に関してはDRV（2015），医療保険に関してはBMG（2016b），失業保険に関しては連邦雇用エージェンシーによる各年の決算結果をもとに著者作成。

こなかったが，2004年以降は国庫補助が行われている。

失業保険に関しては，2007年からは，それまでの赤字補填のための国庫補助に代わって，付加価値税率1％に相当する国庫補助が導入されたが，2013年には国庫補助が廃止された。

介護保険に関しては，1995年の制度創設以来，保険料のみによる運営が維持されている。

2. 社会保険の財源に関する制度

ドイツの社会保険は，二つの異なるシステムが組み合わされた混合的なシステムとなっている。その一つは，保険料の支払いを通じた事前の貢献と一定のリスクが生じた場合に行われる給付との間に密接な関係が存在する「保険システム（Versicherungssystem）」である。もう一つは，給付が事前の貢献にかかわりなく行われる「税・移転システム（Steuer-Transfer-System）」である。

支払った保険料と受けられる給付との関係がどの程度に密接なものであるかは，社会保険の種類によって異なっている。年金保険のように現金給付が中心となっている社会保険では，支払った保険料の額と受けられる給付の額との間に密接な関係が存在する。すなわち，各被保険者が受けられる年金の額は，基本的に，それぞれの者が支払った保険料に応じたものとなる[7]。これに対して，第一義的に現物給付が行われる社会保険では，保険料を支払うことは給付を受けるための条件ではあるが，給付の水準は支払った保険料に応じたものとはなっていない。たとえば，医療保険における医療給付は，医学的に確定され，法律の規定により対

7） 具体的には，各暦年において当該被保険者の保険料算定の基礎となった労働報酬の額を全被保険者の平均報酬で割った値を，全被保険者期間について合計することにより，報酬点数が算定される。たとえば，40年間にわたり毎年平均報酬の75％に相当する労働報酬を受け，それに基づく保険料を支払った被保険者の報酬点数は30.0（0.75×40）となる。受給できる年金の額は基本的に報酬点数の値に比例する。

象範囲が定められた医療上の必要性に応じたものとなっている。

社会保険料の支払いと社会保険の給付との間に密接な関係が存在することは、社会保険料を支払うことへの抵抗感が税に比べて小さい傾向にあることの理由としてあげられる（von Maydell, 1998: 130）。この点は、社会保険料や税の負担を逃れるために闇の経済活動が拡大する傾向にある場合には特に重要な意味を持っている。ただし、社会保険料を支払うことへの人々のポジティブな姿勢は、保険料と給付との関係が重視される限りにおいて維持されるものであり、社会保険が本来対象とすべきリスクとは無関係の使命を負わされる場合には、これを維持することは難しくなる。

前述のとおり、ドイツの社会保険においては、大部分の支出が被保険者、事業主などによって負担される社会保険料収入により賄われているが、社会保険料収入を補完するために国庫補助があわせて行われている。国庫補助の目的は、社会保険の保険者に生じる特定の支出をカバーすることや自らが創設した強制保険に対して国としての責任を果たすことにあるとされている（von Maydell, 1998: 130）。

3. 近年における改正

ドイツにおいては、従来、社会政策上の目的を有する支出を公的財政から社会保険財政に振り向けることにより、公的財政の負担軽減が図られてきた。その方法の一つは、本来は社会全体の責務に帰する給付をそれに伴う財政的な負担を公的財政が引き受けることなしに社会保険の給付とすることである[8]。もう一つは、国庫補助が入っている社会保険（年金保険、失業保険）の支出から国庫補助が全く、またはあまり入っていない社会保険（医療保険）の支出へと移し替えることである（Rürup,

---

[8] このような給付の例としては、戦争犠牲者に対する年金、旧東独年金の金額かさ上げのための措置などがあげられる。

2007: 182)9)。

これに対し，近年においては，事業主の社会保険料負担を軽減するために，社会保険により多くの税を投入することが求められている。その背景には，事業主の負担する社会保険料の上昇が，労働コストを増加させることにより，企業の国際競争力を弱め，これを通じて，国内の雇用情勢を悪化させることへの懸念がある（Schmähl, 2005: 315）。このため，近年においては，社会保険料の増加を抑制し，軽減する観点から，国庫補助の増額および新たな国庫補助の創設が行われてきている。以下においては，年金保険，医療保険および失業保険の財源に関して実施された改正について検討する。

(1) 年金保険

年金保険の財源として国庫補助は重要な役割を担っている。連邦政府の説明によれば，国庫補助は複数の目的を持っている（Bundesregierung, 2004: 571）。一つは，年金保険が経済的・社会的な環境変化にかかわらずその機能を発揮できるようにすることである。もう一つは，本来は保険料で賄われるべきでない給付のために年金保険が負担している費用を連邦が補填することである。

年金保険への国庫補助には，「一般的な連邦補助（Allgemeiner Bundeszuschuss）」と「追加的な連邦補助（Zusätzlicher Bundeszuschuss）」がある。このうち，「一般的な連邦補助」は2014年で398億ユーロとなっており，年金保険の収入総額の15.1%を占めている（DRV, 2015: 248）。「一般な連邦補助」の額は，基本的に，被用者一人当たりのグロス賃金・給与の伸び率と保険料率の変化に応じて毎年改訂される。これにより，連邦の負担が被保険者の保険料負担の変化と歩調を合わせて増減する仕

---

9) このような例としては，年金受給者の医療保険のために年金保険者が行う財政的な負担が段階的に削減され，医療保険の負担へと振り替えられてきたことがあげられる。

組みとなっている。

「追加的な連邦補助」は1998年に導入されたものである。その目的は，当時の年金保険料率（20.3%）がさらに上昇することを避けることにあった。「追加的な連邦補助」に必要な費用は，1998年4月に付加価値税率を15%から16%に引き上げることにより得られた連邦財政の増収により賄われた。2000年以降，「追加的な連邦補助」の額は付加価値税収の変化に応じて改定されている。

さらに，2000年からは，環境保護的な税制改正による連邦財政の増収（環境税〈Ökosteuer〉）を用いて，この「追加的な連邦補助」の上乗せが行われることになった。この上乗額（Erhöhungsbetrag）は，2004年以降，被用者一人当たりのグロス賃金・給与の伸びに応じて改定されている。

上乗額を含めた「追加的な連邦補助」は，2014年では215億ユーロとなっており，年金保険の収入総額の8.2%を占めている（DRV, 2015: 248）。この結果，2014年の年金保険に対する連邦補助は全体で613億ユーロとなっており，年金保険の収入総額の23.3%を占めている（表5-2）。

(2) 医療保険

医療保険においては，税財源の投入は最近まで農業疾病金庫に対してのみ行われてきたにすぎなかった。しかし，2004年には，「保険になじまない給付」のための疾病金庫の支出を補填するために，たばこ税の引き上げによる連邦の増収分をもとに医療保険への連邦補助が導入され，医療保険への税財源の投入が本格的に行われることになった[10]。

この連邦補助の額は，2004年では10億ユーロであったが，その後，増額が行われた。連邦補助の額は，2012年以降140億ユーロと定められていたが，連邦予算の削減のため，2013年は115億ユーロ，2014年は

[10) 何が「保険になじまない給付」に含まれると解されるかについては，法律上も，また，法案の提案理由においても定義されていない（Rixen, 2014: 1608）。

105億ユーロ，2015年は115億ユーロに削減された。なお，この一時的な削減分は健康基金の準備金を取り崩すことにより穴埋めされるため，連邦補助が削減されても健康基金から疾病金庫に配分される資金は減少しない。2016年には再び連邦補助の額が140億ユーロに戻され，2017年以降は毎年145億ユーロの連邦補助を行うものとされている。

(3) 失業保険

2006年までは，失業保険に対する赤字補填のための連邦補助の制度が設けられていた。2006年には，ドイツ統一後初めて失業保険の財政に黒字が発生したため，実際には2005年が赤字補填のための最後の連邦補助となった。2005年の大連立政権発足時に連立政権を構成するキリスト教民主・社会同盟（CDU/CSU）および社会民主党（SPD）との間で合意された連立協定に基づき，2007年には失業保険の保険料率が2.3パーセントポイント引き下げられるのに対応して，連邦が付加価値税率の引上げによる収入を財源として，税率1％に相当する額を負担することになった。連邦による財政負担の額は，2009年には約78億ユーロとなり，失業保険の収入に占める割合は22.7％と最大になった。その後，この連邦の負担については2012年に初めての縮減が行われ，2013年には廃止された。

4. 財源見直しに関する議論

ドイツにおいては，社会保険の導入に関する議論が開始されてから今日に至るまで，その財政のあり方は社会保険をめぐる議論の中心的なテーマとなってきた。社会保険における財政需要をいかなる財源により満たすべきであるか，すなわち，それを支払うことにより反対給付を受けることができる保険料と反対給付に対する請求権には結びつかない税のいずれによるかは，この議論における最も重要な検討課題の一つと

なっている。

(1)「誤った財源調達」の考え方

　今日，社会保険の財源としての社会保険料と税の役割分担に関する議論においては，「誤った財源調達（Fehlfinanzierung）」という考え方が重要な位置を占めている。財源についてのあるべき姿と現状とを比較することにより，両者の間の乖離を是正するために財源に見直しを加える必要があるのか，あるとすれば，どの程度の見直しが必要なのかが明らかになる。このような乖離はドイツにおいて「誤った財源調達」と呼ばれている。「誤った財源調達」が生じる理由は，社会保険において，その目的に照らして本来は税により賄われるべき支出であるにもかかわらず，実際には社会保険料により賄われている支出が存在することにある。

　「誤った財源調達」に関する議論の基礎には，次のような考え方が存在する（SVRW, 2005: 346）。「リスクに応じた保険料」を徴収する民間保険の場合とは異なり，連帯原則に基づき，リスクとは無関係に保険料を徴収し，リスクの高い被保険者と低い被保険者との間の調整を行うことは，社会保険の重要な機能である。たとえば，医療保険においては疾病のリスクが高い被保険者と低い被保険者との間で，年金保険においては寿命の長い被保険者と短い被保険者との間での調整が行われている。したがって，リスクの高い被保険者と低い被保険者との間の調整に役立たない，または保険の目的に適合しない給付および再分配は「保険になじまない給付」および「保険になじまない再分配」とされる[11]。この両者を合わせたものが社会保険における「保険になじまない要素（Versicherungsfremdes Element）」となる。

---

11) 「保険になじまない再分配」には，たとえば，家族政策的な観点から配偶者や子のいる被保険者の負担を軽減するために家族被保険者の保険料負担を免除することが含まれる。

社会保険のなかに「保険になじまない要素」が含まれる理由は，本来は公的主体が果たすべき一般的な責務に対応した給付および再分配を社会保険が公的主体にかわって行っているためである。したがって，「保険になじまない要素」に対応した社会保険の支出は，社会保険料ではなく，公的主体の財政により，つまり税により負担されるべきであるとされる。このような考え方に立てば，たとえば医療保険において行われる所得の高い被保険者と低い被保険者との間での再分配も本来は社会全体の責務に対応するものと考えられる。

　所得の高い被保険者と低い被保険者との間での所得再分配を目的とした社会保険の支出が労働報酬に賦課される社会保険料で賄われることによる問題については，ブレーメン大学（当時）の Schmähl 教授により以下のような指摘がなされている。(Schmähl, 2009: 7)。

　ⅰ）　すべての納税者ではなく，社会保険の被保険者に該当する者だけが，所得再分配のための費用を負担することになる。たとえば，官吏は社会保険への加入義務がなく，また，医療保険や介護保険では，被用者であってもその労働報酬が限度額[12]を超える者は，加入義務がなく，この所得再分配には参加しない。さらに，社会保険料は，資産所得などを含む所得全般ではなく，もっぱら労働報酬にのみ賦課されている。労働報酬のうち保険料算定限度[13]を超える部分には社会保険料が課されない。これらは，所得再分配の基準としての「負担能力」の捕らえ方として適切ではない。

　ⅱ）　他の事情が一定であるならば，事業主が負担する社会保険料が増加することを通じて労働コストが増加する。このため，事業主は労働者にかえてより多くの資本（機械等）を生産に投入することにより生産にかかる費用を節約しようとする。この結果として，雇用が減少すること

---

[12]　この限度額は 2016 年では年 5 万 6250 ユーロである。
[13]　2016 年の保険料算定限度額は，医療保険では年 5 万 850 ユーロ，年金保険では年 7 万 4400 ユーロ（旧東独地域は 6 万 4800 ユーロ）である。

により社会保険料収入が減少し,それを通じて社会保険財政が悪化する。これに対して,給付の削減ではなく,保険料率の引き上げが行われれば,そのことがまた労働コストの増加につながることになり,負のスパイラルに陥る。

ⅲ) 社会保険料の支払いと給付との関連性を弱めることになり,労働者の目には,社会保険料を支払うことへの見返りが少なくなり,社会保険料が税のような性格を強めたと映ることになる。このことは保険料負担を伴う労働の供給にネガティブな影響を及ぼす可能性がある。なぜならば,労働者が社会保険料の支払いにより手取り賃金が減少することをどのように評価し,それに基づきどのような行動をするのかは,労働者が社会保険料の支払いによりそれにふさわしい給付を受けられると認識するかどうかによって左右されるからである。

(2) 「誤った財源調達」の規模

表5-3は,「誤った財源調達」の規模に関する代表的な算定結果をまとめたものである。これらの結果によれば,社会保険において「誤った財源調達」を取り除くことができれば,社会保険料率(2003年では42%[14])を7～9パーセントポイント程度引き下げることが可能となる。

これらの算定において,社会保険の支出のうち税で賄われるべきものの具体的な範囲については,大きな見解の相違はみられない(Schmähl, 2007: 69)。ただし,年金保険における遺族年金のための支出や旧西独地域から旧東独地域への移転支出のような特定の支出に関しては,それを税で賄うべき支出とするかどうか,また,どの程度を税で賄うかについて意見の対立がある[15]。

---

14) 内訳は,年金保険が19.5%,医療保険が平均14.3%,失業保険が6.5%,介護保険が1.7%である。
15) 遺族年金については,1986年以降,遺族の収入が一定額を超えない場合に限り支給することとされた。このため,このような所得制限付きの給付を社会保険料で賄うことは「誤った財源調達」になるとの見解がある。これに対して,ドイツ年金

表5-3 「誤った財源調達」の規模

算定者（発表年）	算定基準年	総額（10億ユーロ）	保険料率換算
Schmähl（1994）	1992年	51.1	約10%
Schmähl（2002）	1998年	76.7	最低8%
DIW（2005）	2002年	83.7	9%強
Sesselmeier（2005）	2003年	60.1〜89.7	—
SVRW（2005）	2003年	65〜70	—

出典：Schmähl（2007）をもとに著者作成。

　これらのうち，連邦政府の「経済発展の評価に関する専門家委員会（Sachverständigenrat zur Begutachtung zur Gesamtwirtschaftlichen Entwicklung 以下「専門家委員会」という）」が2005年に公表した算定結果よれば，社会保険における「保険になじまない要素」に係る金額は，2003年で1300億ユーロ程度に上っている（SVRW, 2005: 377）。この金額は，同年における社会保険の給付費支出（4460億ユーロ）の29%に相当する。一方，連邦が実際に負担している額は600億ユーロ強であり，その差額の650〜700億ユーロ程度が「誤った財源調達」の規模とされている。

　この算定結果における「保険になじまない要素」の内訳は表5-4のとおりであり，分野別では年金保険が最も大きな額を占めている。寿命の長い被保険者と短い被保険者との間の調整を行うことは社会保険である

　保険者連盟（VDR）は，遺族年金については，その一部（遺族年金に代わる選択肢として夫婦間の年金分割に基づき受給する年金および遺児年金）に係る支出だけを税により賄うべきであるとの見解を有している。
　また，ドイツ再統一により，旧西独地域の年金財政と旧東独地域の年金財政の間での財政調整が行われることになり，後者の赤字が前者の負担により補填されることになった。両地域間でのこのような移転支出については，税により賄うべきとする見解がある。その一方で，経済情勢や高齢化の進展度の違いにより，ドイツの他の地域間でも移転支出が行われているのであるから，両地域間での移転支出のみを税により賄うべきではないとの見解もある。

表 5-4 社会保険における「誤った財源調達」の内訳

事項	金額（億ユーロ）
医療保険	450
うち　家族被保険者の給付	250
家族被保険者が他の被保険者のために負担すべき保険料	137
介護保険	50
うち　家族被保険者の給付	12
家族被保険者が他の被保険者のために負担すべき保険料	34
失業保険	190
年金保険	600〜700
うち　VDRの基準による「保険になじまない給付」	570
遺族給付	68
[旧西独地域から旧東独地域への移転支出]	[92]*
「保険になじまない要素」（a）	計約 1,300
連邦の負担額（b）	604〜621
「誤った財源調達」の額（a−b）	650〜700

＊　92億ユーロは年金保険の600〜700億ユーロには含まれない。
出典：SVRW（2005）をもとに著者作成。

年金保険の本来的な機能である．したがって，この調整を目的としない給付や年金保険の目的に適合しない給付は「保険になじまない給付」とされる．

　このような考え方に基づき，具体的には，家族間の負担調整のための給付（例：児童養育期間に対応する給付[16]，子の養育に対応した寡婦年金への加算），保険料が納付されていない期間（例：兵役期間，抑留期間）の代替期間[17]への算入，引揚者への年金給付，低額の保険料に係る年金給付のかさ上げ措置などが「保険になじまない給付」とされている．なお，これらは，1995年にドイツ年金保険者連盟（Verband Deutscher Rentenversicherungsträger〈VDR〉）が定めた基準による「保険になじ

---

[16]　3歳未満の子を養育する期間（児童養育期間）は，子を養育する者が平均報酬に相当する労働報酬を得て就労し，保険料を納付したものとみなされる．
[17]　代替期間として認められることにより，その期間においても一定の保険料が納付されたものとみなされる．

まない給付」の範囲と一致する。

　専門家委員会では，これらのほかに，遺族年金に代わる選択肢として夫婦間の年金分割に基づき受給する年金および遺児年金を「保険になじまない給付」に追加している。これにより「保険になじまない給付」の額は600～700億ユーロとなる。さらに，旧西独地域から旧東独地域への移転支出を加えると，「保険になじまない給付」の額は最大730億ユーロとなる。

　次に，医療保険における「保険になじまない要素」には，「保険になじまない給付」だけでなく，「保険になじまない再分配」が含まれる。健康上のリスクが高い被保険者と低い被保険者との調整を行うことは社会保険である医療保険の本来的な機能である。専門家委員会は，医療保険において所得に応じた保険料を徴収することにより所得の低い被保険者と高い被保険者の間の調整を行うことは「保険になじまない」との立場をとっている。

　医療保険において「保険になじまない要素」の大半を占めているのは，保険料を負担することなしに給付を受けることができる家族被保険者[18]に関するものである。2003年において，家族被保険者に対する給付に要した費用（保険料でカバーされないもの）は総額で250億ユーロとなっている。また，仮に健康上のリスクに関する調整だけが行われ，所得の多寡に関する調整が行われなかったとすると，健康上のリスクが相対的に低い家族被保険者が他の被保険者グループとの調整のために追加的に負担しなければならない額は137億ユーロである[19]。本来，この両者

---

[18] 　家族被保険者となるのは，被保険者の配偶者および子（家族被保険者の子を含む）であって，その収入が一定以下の者である。

[19] 　2003年において一人当たり給付費は，被保険者全体では2060ユーロであるのに対して，家族被保険者では1369ユーロとなっている。したがって，健康上のリスクにのみ着目した再分配が行われるとするならば，家族被保険者に関しては一人当たり691ユーロ（2060ユーロ－1369ユーロ）を健康上のリスクが高い被保険者のために負担する必要がある。家族被保険者数は約1980万人であることから，健康上のリスクに関する調整のために家族被保険者が負担しなければならない額は137

を合わせた金額（387億ユーロ）が家族被保険者に係る保険料として負担されなければならないが，配偶者や子のいる被保険者の負担を軽減するために実際には家族被保険者に係る保険料は免除されている。このため，387億ユーロが家族被保険者に関する「保険になじまない要素」とされる。この額に，年金受給者である医療保険の被保険者に対する所得再分配，妊娠・出産に関する給付，一部負担金の免除などに関する費用を加えた450億ユーロが医療保険における「保険になじまない要素」の総額となる。

このほかに，失業保険においては，子のいる者に対する失業手当支給割合の割増，被保険者期間および被保険者の年齢に応じた失業手当の支給期間などが，介護保険では家族被保険者に関する保険料の免除などが「保険になじまない要素」とされている。

(3) 是正の方法と効果

「誤った財源調達」をなくす，または減らす方法としては，社会保険から「保険になじまない要素」を削減するか，あるいは，そのための社会保険の費用を社会保険料ではなく税によって賄うことが考えられる[20]。しかし，実際には，以下に述べるように社会保険に存在する「保険になじまない要素」のための費用のすべてが税によって賄われている状況にはない。

年金保険では，実際の連邦補助の額は2003年では539億ユーロである。この額に「児童養育期間に対応する保険料」として連邦が負担した額を加えた総額は657億ユーロになる。一方，専門家委員会が算定した

億ユーロ（691ユーロ×1980万）となる。
[20] 事業主側は，「誤った財源調達」を是正するためにその財源を社会保険料から税に転換することに対して異議を唱えている（Schmähl, 2009: 10）。その理由の一つは，財源を社会保険料から税に転換しても社会保障に対する全体的な負担が減るわけではないことである。もう一つの理由は，財源を転換することにより，高い社会保険料率やそれによる労働コストの問題を引き合いに出すことができなくなり，社会保険の支出そのものの削減を促す政治的な圧力が弱まることである。

「保険になじまない給付」の額は730億ユーロであり，連邦による補助と保険料負担の総額はこれを90億ユーロ下回っている。医療保険では，連邦財政の事情などによって連邦補助の金額は大きく変動しているが，いずれにしても，専門家委員会が算定した「保険になじまない要素」の額である450億ユーロを大きく下回っている。失業保険では，連邦負担の額が80億ユーロ程度まで増加したが，それでも専門家委員会が算定した「保険になじまない要素」の額である190億ユーロを大きく下回っている。さらに，介護保険では，専門家委員会の算定した「保険になじまない要素」の額が50億ユーロとなっているが，連邦による補助は行われていない。

「誤った財源調達」を是正するために社会保険の財源を社会保険料から税に転換することは，雇用および所得再分配にどのような影響をもたらすであろうか。この問題を考える際には，常に，社会保険料の引き下げだけでなく，それを埋め合わせるための税財源のことを考慮する必要がある。たとえば，ドイツについて行われた算定結果によれば，収支中立的に社会保険料から税への転換を行う場合には，このような転換は比較的わずかな雇用増加効果しか持たないとの結果が示されている (Schmähl, 2007: 80)。また，「誤った財源調達」を減少させる，またはなくすことが所得再分配に与える効果については，複雑な推計が必要であり[21]，これまでのところ，包括的な実証的分析は行われていない。

このような財源の転換は各保険制度のコンセプトにも影響を及ぼすことになると考えられる。支払った保険料と受けられる給付との関係が密接な年金保険のような制度においては，この転換により「保険」の考え

---

[21] この推計を行うにあたっては，社会保険加入義務のある被用者（その所得が保険料算定限度以下の者および超える者），様々な自営業者および無職者（例：年金受給者）などの多様なグループをそれぞれの所得額および消費構造に応じて区分して考える必要がある。また，その際には，どのような種類の税によって保険料の一部を代替するのかが問題となる。たとえば，付加価値税によって代替する場合には，社会保険料を負担していない人々は，付加価値税引き上げによる負担を負う一方で，社会保険料軽減の恩恵を受けることができない。

方がより強化される。この結果，保険料は給付受給権を得るための対価としての性格を強めることになる。このことは，人々が保険制度を受容し，その財政に貢献しようとすることに重要な意味を持つと考えられる。

この方向性をさらに追求するならば，保険料の支払いに基づかない給付請求権は認めないということになる。このような考え方に沿って，たとえば児童養育期間に対応した年金給付に関する改正が行われた。3歳未満の子を養育する児童養育期間は，年金給付の算定にあたって，平均報酬に相当する労働報酬を得て就労し，保険料を支払ったものとみなされる。児童養育期間において子を養育する者は保険料を支払うことを要しないが，1999年6月以降は連邦が児童養育期間に対応する保険料を負担している。

5. 考察

社会保険への国庫補助をめぐる歴史的な経緯からも明らかなように，社会保険の財源に関する政策は必ずしも理論的な根拠に基づいて行われてきたわけではない。19世紀の終わりに社会保険が導入された際に形作られた基本的な枠組みがその後何十年にもわたり受け継がれてきたように，社会保険の財源のあり方は制度の沿革に大きく依存したものであった。

社会保険の財源に関する政策は，1990年代の初めに，それまでの「税から社会保険料へのシフト」を進める方向から，「社会保険料から税へのシフト」を進める方向へと大きく転換した。こうした政策転換の重要な契機となったのは，社会保険財政の悪化により社会保険料率が上昇する一方で，大量の失業が発生したことである。国際競争が激化するなかで，国際的にみてすでに高い水準にあった社会保険料率がこれ以上に上昇することは，労働コストを増加させることによりドイツ企業の国際競争力を弱め，国内の雇用情勢をさらに悪化させることが強く懸念された。こ

のような懸念を背景として，社会保険料の上昇を避け，さらには，引き下げを図ることへの政治的な圧力が高まった。

ドイツ連邦議会は，保守政党であるキリスト教民主・社会同盟（CDU/CSU）と社会民主主義政党である社会民主党（SPD）の二大政党を中心として構成されてきたが，社会保険料を軽減し，国内雇用の改善を図ることは，両党に共通する重要な政策目標となった。この間には何度も政権交代があったにもかかわらず，一貫してこの政策目標の達成が追及された。

特に注目されることは，このような政治的な動きと並行して，社会保険における財源のあり方をめぐる理論的な検討や議論が研究者や保険者団体等に所属する専門家の間で活発に行われてきたことである。そのなかでは，社会保険の給付等のうち税財源により賄うべきものと社会保険料財源により賄うべきものを区分する考え方が検討され，提示されている。また，財源区分の考え方を抽象的に示すだけではなく，その考え方に基づき，実際に行われている社会保険の給付等のうち本来は税財源により負担されるべきものが具体的に特定され，その総額が明らかにされている。これにより，現在の国庫補助が税財源により負担されるべき額を十分にカバーしているのかどうか，また，カバーしきれていないとすればさらにどの程度の国庫補助が必要なのかが理論的に示されている。

社会保険の財源に関してこれまで行われてきた政治的な決定は，その時々の公的財政や保険者財政の状況，それぞれの関係者（団体）の利害や政治力，現実政治的な実施可能性などに左右されてきた。このため，制度の考え方に合わない財源が選択され，公的に行われる所得再分配はより不透明なものとなった。しかし，高齢化の進展等にともない増加する社会保険の支出を賄うためにより多くの費用の負担を求めていくためには，費用を負担する人々の社会保険への信頼を高め，より多くの費用を負担することへの納得を得ることが不可欠となっている。このため，税財源投入の目的が「社会保険制度に対する国としての責任を果たす」

ことや「制度間の財政力格差を調整する」ことにあるという説明にとどまるのではなく，社会保険の財源としての税と社会保険料の役割分担の考え方を理論的に明確にする必要がある。その上で，税と社会保険料との関係を本来あるべき姿に近づけるために必要な措置を具体的に示すことが重要であると考えられる。ドイツにおける理論的な検討や議論はまさにこのような必要性に対応したものといえる。

　社会保険制度の基本構造（人的な適用範囲，所得再分配機能など）には国による重要な相違点があることから，ドイツにおける財源区分の考え方がそのままの形で他の国にも適用できるわけではない。しかしながら，高齢化の進展などにともない増加する費用について，より多くの負担を求めていくのであれば，負担者の理解と納得を得るために，それぞれの国の制度の基本的考え方や特性に応じた財源のあり方を理論的に示していくことが必要になると考えられる。その点において，ドイツにおける試みは，主として保険者の財政状況や被保険者による保険料負担の状況に基づき行われてきた日本の社会保険財政の改革をめぐる議論にも新たな視点や選択肢を提供しうるものと考えられる。

第6章

社会保険料に係る基本原則の変更

近年,ドイツにおいては,公的医療保険の財政制度の抜本的な改革について活発な議論が行われている。そのなかでは,第5章で取り上げた社会保険料と税との役割分担の見直しにとどまらず,社会保険料のあり方を根本的に変革する提案が行われている。また,実際に実施された改革においても,「所得に応じた保険料」や「労使折半負担」の原則の変更が行われた。

この章では,こうした提案や実施された改革をもとに,社会保険料の基本原則について考察する。

1. 従来の制度とその問題点

(1) 従来の制度

ドイツの公的医療保険における保険料に関する制度は,従来,次のようなものとなっていた。疾病金庫の収入の大部分は保険料収入により占められる[1]。個々の被保険者が支払う保険料の額は,「保険料負担義務のある収入」に,加入する疾病金庫の保険料率を乗じて得た額となる。被保険者が被用者である場合には賃金が,年金受給者である場合には年金受給額が,失業手当などの賃金代替給付の受給者である場合には受給する給付の額の全額または一定割合が「保険料負担義務のある収入」に該当する。ただし,「保険料負担義務のある収入」には,その上限として保険料算定限度[2]が定められている。被保険者の「保険料負担義務のある収入」が保険料算定限度を超える場合には,保険料算定限度に保険料率を乗じて得た額が負担すべき保険料額となる。保険料率は,公的医療保険の保険者である疾病金庫ごとに必要と見込まれる支出を賄うことが可

---
[1] 2004年では医療保険の総収入の97%が保険料収入となっていた(BMG, 2016b: 1)。
[2] 2004年の保険料算定限度は年4万1850ユーロとなっていた。

能な保険料収入が得られる水準に設定される。被保険者の配偶者および子であって，所得が一定額[3]以下の者は家族被保険者となり，保険料を負担することなく給付を受けることができる。このように，各被保険者が支払うべき保険料の額は，民間保険の場合のように各被保険者のリスクの大きさおよび家族の数ならびに選択した給付の水準に応じたものではなく，所得に応じたものとなっている。すなわち，各被保険者はそれぞれの経済的な負担能力に応じた保険料を負担する。

被保険者はこうして算定される保険料の必ずしも全額を自ら負担するわけではない。たとえば，被用者である被保険者の場合には被保険者本人とその者を雇用する事業主が，年金受給者である被保険者の場合には被保険者本人と年金給付を行う年金保険者がそれぞれ折半で負担する。また，失業手当受給者である被保険者の場合には失業保険の保険者である連邦雇用エージェンシー（Bundesagentur für Arbeit）が全額を負担する。

(2) 問題点

公的医療保険の保険料に関する従来の制度には，次に述べるように，負担の公平および雇用への影響の両面からの問題点が存在した。

① 負担の公平

「負担能力に応じた保険料負担」は，本来，二つの意味での公平の実現を目指すものである。ひとつは，負担能力が同じ者は同等に負担すること（水平的公平）であり，もうひとつは，負担能力がより大きい者はより多くを負担すること（垂直的公平）である。現実の保険料負担においては，この二つの意味での公平が十分には実現していない。

前述のように「保険料負担義務のある収入」には賃金などの所得が該

---

[3] この額は，2004年では月345ユーロとなっていた。

当する。しかし，保険料算定限度を超える部分の所得には保険料が賦課されないことから，これらの所得の必ずしも全額が保険料算定の対象となるわけではない。このため，保険料算定限度を超える所得がある者の相対的な負担（所得に対する保険料の割合）は所得が高くなるほど低下する。このように，保険料算定限度が存在することは垂直的公平の実現を妨げる重要な要因となっている。

　また，被用者については，その賃金が年間労働報酬限度[4]を超える場合には，医療保険への加入義務が免除される。前述のとおり公的医療保険においては各被保険者の所得に応じた保険料の負担を求めることにより，所得の高い被保険者と低い被保険者との間の再分配（社会的調整）が行われる。しかし，年間労働報酬限度を超える賃金を得る被用者は，民間医療保険に加入することにより公的医療保険におけるこの調整から逃れることが可能となっている。このような仕組みも垂直的公平の実現を妨げる効果を持っている。

　一方，水平的公平の実現を妨げる要因としては，次のものがあげられる。「保険料負担義務のある収入」の範囲は，基本的に，賃金，年金，失業手当などに限られており，家賃，地代，利子などの資産所得は保険料算定において考慮されない。したがって，同じ額の所得がある被保険者であっても，所得の種類によってはそれぞれの被保険者が負担しなければならない保険料の額に差異が生じる可能性がある。

　世帯の就労状況の違いによっても同様の問題が生じる可能性がある。たとえば，夫婦がそれぞれ保険料算定限度に相当する賃金を得て就労している世帯と，夫婦のどちらか一方が保険料算定限度の2倍に相当する賃金を得て就労している世帯とを比較すると，世帯としての所得は同額であるにもかかわらず，前者の世帯は後者の世帯の2倍の保険料を負担しなければならない。

---

4)　2004年における年間労働報酬限度は年4万6350ユーロとなっていた。

② 雇用への影響

　被用者である被保険者に係る保険料は賃金にのみ賦課されている。失業や短時間労働が増加するなかで，賃金に賦課される保険料による公的医療保険の収入を維持するためには，保険料率の引き上げが必要となる。保険料率の引き上げは，保険料の半分を負担している事業主にとっては労働コストが増加することを意味する。国際的な競争が激しさを増すなかで，事業主が労働コストの増加を製品価格に転嫁することができる余地は現実には限られている。また，労働コストの増加を賃金を引き下げることにより吸収することは，労働組合との厳しい交渉を通じて合意を形成しなければならず，また，熟練労働者をつなぎ止めるうえでの問題があり，現実的な選択肢ではない。

　このため，労働コストが国際的にみてもすでに相当高い水準にあるドイツでは[5]，保険料率の引き上げにより労働コストがさらに増加することになれば，事業主はより低い労働コストで生産が可能な国へと生産拠点を移転させる可能性がある。そうなれば，労働コストが高いために産業の立地場所としてのドイツの魅力は失われ，ますます失業や短時間労働が増加する。その結果，一層の社会保険料率の引き上げが必要になるという悪循環に陥る恐れがある。

2. 問題解決のための提案

(1) 二つの提案

　公的医療保険の保険料に関するこうした問題点を解決することを目的として，二大政党からも次のような相互に対立する内容を持った提案が

---

[5] 賃金に社会保険料等の賃金付随コストを加えた労働コスト（Arbeitskosten）では，ドイツは 2012 年で EU28 か国中 8 番目に高い水準にある（Statistisches Bundesamt, 2016）。

行われ，特に 2005 年の連邦議会選挙では大きな争点となった。その一つは，公平な負担を実現することを主たる目的として，「所得に応じた保険料」や「労使折半負担」の原則を維持しつつ，「保険料負担義務のある収入」や保険料を負担する者の範囲を拡大する提案である。もう一つは，雇用への悪影響を取り除くことを主たる目的として，「所得に応じた保険料」や「労使折半負担」の原則を廃止し，所得の額とはかかわりのない定額の保険料を被保険者が単独で負担することとする提案である。

前者の提案は社会民主主義政党である社会民主党（SPD），同盟 90・緑の党などにより行われた[6]。社会民主党の提案では，「保険料負担義務のある収入」の範囲が，賃金，年金，失業手当などのほかに，家賃，利子および資本所得にも拡大される。このうち，賃金に賦課される保険料は被保険者および事業主が折半で負担する。保険料算定限度の仕組みは維持されるが，保険料算定限度は年金保険の保険料算定限度と同じ水準にまで段階的に引き上げられる[7]。

また，ドイツに居住するすべての者に公的医療保険への加入義務が課され，保険料を負担する被保険者の範囲が拡大される。このため，現行制度においては，加入義務が課されていない官吏および自営業者ならびに年間労働報酬限度を超える賃金を得る被用者（以下「官吏等」という）に公的医療保険への加入が義務づけられる。ただし，家族被保険者は従来どおり保険料を支払うことを要しない[8]。

この提案は事業主の保険料負担を軽減することも目的としている。「保

---

[6] 以下に述べる提案の内容は，Lauterbach（2004）で示された「国民保険（Bürgerversicherung）」の案による。

[7] 2004 年の保険料算定限度は，医療保険では年 4 万 1850 ユーロ，年金保険では年 6 万 1800 ユーロ（旧東独地域は 5 万 2200 ユーロ）となっていた。

[8] 同盟 90/緑の党による国民保険の提案では，被保険者の子は従来どおり保険料を支払うことを要しない。配偶者は，現行の仕組みでは収入が一定額以下の場合に保険料が免除されるが，この提案では，稼得活動を行わず，かつ，子の養育または介護を行っている場合にのみ保険料が免除される。配偶者がこの条件に該当しない場合には，夫婦の収入の合計額の半分に相当する収入があるものとして夫婦の双方に保険料が賦課される（Bundestagsdrucksache 17/258, S. 2）。

険料負担義務のある収入」の範囲と被保険者の範囲を拡大することは，保険料の賦課対象を拡大することにより保険料率を引き下げる効果を持つ[9]。

　一方，後者の定額保険料の提案は保守政党であるキリスト教民主・社会同盟（CDU/CSU）などにより行われた[10]。この提案では，各被保険者の所得に応じた保険料のかわりに，所得とは無関係の定額保険料が導入される[11]。あわせて，被用者に係る保険料の労使折半負担は廃止され，被保険者が単独で保険料を負担する。被保険者の配偶者や子が家族被保険者として保険料負担なしに給付を受けられる仕組みも廃止される。

　ただし，未成年の被保険者に係る保険料については，その全額が税財源により補填されるため，被保険者が未成年の子のために保険料を負担する必要はない。つまり，未成年の子のいる家族を支援するという家族政策的な目的は維持されるが，子のいる家族を支援することは，公的医療保険の役割ではなく，社会全体の責務であることから，そのための費用は保険料ではなく税により賄われるわけである。定額の保険料は所得の低い被保険者にとっては過重な負担となる恐れがあることから，被保険者の負担能力に応じた保険料補助が行われる。保険料補助に要する費用も税財源（連邦補助）により賄われる。

9）　たとえば，連邦保健・社会保障省（BMGS）に設置された「社会保障制度の財政における持続可能性に関する委員会（Kommission für die Nachhaltigkeit in der Finanzierung der Sozialen Sicherungssysteme）」が2003年に行った試算では，保険料算定限度を年金保険と同額に引き上げ，すべての種類の所得を「保険料負担義務のある収入」に含め，かつ，すべての被用者を公的医療保険の被保険者とした場合には，保険料率を1.3パーセントポイント引き下げる効果を持つとされている（BMGS, 2003: 159）。それに加えて，官吏等を含めたすべての国民を公的医療保険の加入者とした場合には，さらに0.7パーセントポイントの保険料率引き下げ効果を持つとされた。つまり，この両方の効果を合わせると，2003年当時14.4％の水準にあった保険料率を12.4％に引き下げることが可能ということになる。
10）　以下に述べる定額保険料の提案の内容は，Rürup, Wille（2004）で示された「健康定額（Gesundheitspauschale）」の案による。
11）　各疾病金庫においては，すべての成人の被保険者および未成年の被保険者に関して，それぞれの一人当たり平均支出に相当する額が保険料として設定される。

表6-1 両提案の比較

	社会民主党などの提案	キリスト教民主・社会同盟などの提案
被保険者の範囲	全居住者に拡大	被用者（賃金が限度額以下），年金受給者，失業者など
保険料負担義務のある収入	賃金，年金，失業手当などに加え，家賃，利子，および資本所得にも拡大	―
保険料算定限度	年金保険と同額に引き上げ	
保険料額	被保険者の所得に応じた額	定額
保険料の負担割合（賃金に賦課される場合）	被保険者1/2，事業主1/2	被保険者の単独負担
家族被保険者の保険料	なし	あり（未成年者の保険料は税により全額補填）

出典：著者作成。

(2) 両提案の相違とその原因

このように，これら二つの提案による改革の方向性には大きな違いがみられる（表6-1）。その根本的な原因は，この両提案の間には公的医療保険が本来担うべき機能についての基本的な考え方の相違があるためと考えられる。とりわけ，公的医療保険に特徴的な再分配（社会的調整〈Sozialer Ausgleich〉）に関して，これら二つの提案は対立的な関係にある。そこで，まず，公的医療保険における社会的調整について整理しておきたい。

公的医療保険において，保険料額は，各被保険者の負担能力（所得）に応じて定められ，被保険者の年齢，性別，既往歴および家族の数による影響を受けない。一方，給付は，傷病手当金などの場合を除き，各被保険者が支払った保険料の額にかかわりなく，医療上の必要性に応じて行われる。このような仕組みを通じて，公的医療保険においては，「疾病のリスクが高い被保険者（例：高齢者）と低い被保険者（例：若者）」，

「所得の高い被保険者と低い被保険者」,「家族の多い被保険者と少ない被保険者」との間の社会的調整が行われている。これとは別に,社会保険か民間保険かにかかわりなく,保険の加入者の中で実際に事故が発生した者と事故が発生しなかった者との間では再分配が行われる。しかし,社会保険では,このようないずれの保険においても行われる再分配に加えて,上記の再分配（社会的調整）が行われることに特徴がある。

公的医療保険において行われている社会的調整の対象をどのように考えるかにこの両案の本質的な対立点が存在するといえる（表6-2）。前者の提案は,健康上のリスクだけでなく,所得や家族数に関する社会的調整も,社会連帯を基礎とする公的医療保険の本来的な機能であることを前提とするものである。しかし,現行制度には公的医療保険が所得に関する社会的調整を行うことを阻害する要因が存在する。すなわち,「保険料負担義務のある収入」の範囲は賃金等に限定されていることや,一定以上の所得がある者などはこの調整の対象となっていないことである。このため,この提案は,「保険料負担義務のある収入」と保険加入義務の範囲を拡大することによりそのような要因を取り除き,被保険者の負担能力に応じた保険料負担をより包括的に実現できる条件を作り出すことを主要な目的としている。

一方,後者の提案は,医療保険の本来的な機能を健康上のリスクに関する社会的調整に限定するものである。このため,この提案では,各被保険者の所得とかかわりのない定額保険料が導入され,保険料と所得との関係が切り離される。また,保険料を負担することを要しない家族被保険者の制度が廃止されることにより,家族数に関する調整も行われなくなる。ただし,定額の保険料は各被保険者の有する健康上のリスクにかかわりのない保険料であることから,健康上のリスクに関する調整は引き続き行われることになる。

保険料の事業主負担を軽減し,労働コストを抑制することは,両提案に共通する目的となっている。しかし,そのために用いられる方法には

表 6-2　両提案による社会的調整の対象

	社会民主党案	キリスト教民主・社会同盟案
健康上のリスク	対象	対象
被保険者の所得	対象	対象外
家族の数	対象	対象外

出典：著者作成。

大きな違いがある。前者の提案では社会保険料の基本原則を維持することが前提となっているため，保険料の賦課対象となる人や所得の範囲を拡大することにより保険料率の引き下げを図るという間接的な方法がとられている。これに対して，後者の提案では，「所得に応じた保険料」や「労使折半負担」の原則を廃止し，保険料と所得の関係を断ち切るとともに保険料の事業主負担をなくすという直接的な方法がとられている。

3. 実施された改革

前述の対立する二つの提案については，どちらか一方に基づいた改革が完全に実施されるような政治的状況にはなかった[12]。しかし，この間においても異なる考え方を持った政党の組み合わせによる連立政権の下で可能な改革が進められた。これらの改革のなかで，社会保険料に関する従来の基本的な考え方にも変更がもたらされた。

(1)　「所得に応じた保険料」および「労使折半負担」原則の変更

従来，被用者である被保険者に係る保険料は，各被保険者の賃金の額に応じて算定され，被保険者とその者を雇用する事業主により折半で負

---

12)　ドイツ連邦政府は 2005 年 11 月から 2009 年 10 月までの間および 2013 年 12 月以降はキリスト教民主・社会同盟と社会民主党による大連立政権となっている。2009 年 10 月から 2013 年 12 月までの間はキリスト教民主・社会同盟と自由民主党との連立政権となっていたが，連邦参議院では政権側の議席は過半数に満たない，あるいは，過半数をわずかに上回る程度にとどまっていた。

担されてきた。社会民主党と同盟 90・緑の党の連立政権の下で 2003 年に制定された公的医療保険近代化法（GMG）では，この仕組みに大きな変更が加えられた。この法律により，通常の保険料に加えて，二つの特別の保険料が導入されることになった。一つは，被保険者が単独で負担する「歯科補綴のための特別の保険料」である（2005 年 1 月導入予定）。この特別の保険料は，被保険者の所得にかかわりのない定額の保険料とされた。もう一つは，被保険者が単独で負担する「傷病手当金のための特別の保険料」である（2006 年 1 月導入予定）。この特別の保険料の額は，定額ではなく，通常の保険料と同様に被保険者の所得の一定割合（0.5%）とされた。

しかし，2004 年に制定された「歯科補綴の財源調達の調整に関する法律」[13] により，前者の「歯科補綴のための特別の保険料」については，導入が見送られた。一方，後者の特別の保険料については，料率が 0.9% に引き上げられ，2005 年 7 月から前倒しして導入されることになった。この料率の引き上げは，「歯科補綴のための特別の保険料」が予定どおり導入されていた場合にはそれによって得られたであろう保険料収入に相当する収入を確保するためのものであった。この結果，被用者である被保険者の場合に事業主が負担する保険料の料率は各疾病金庫が定めた保険料率の半分であるのに対して，被保険者が負担する保険料の料率は，各疾病金庫が定めた保険料率の半分に 0.9 パーセントポイントを加えた率となった[14]。

(2) 一般保険料率と追加保険料の導入

キリスト教民主・社会同盟と社会民主党による大連立政権の下で 2007 年に制定された公的医療保険競争強化法（GKV-WSG）では，それまで

---

13) Gesetz zur Anpassung der Finanzierung von Zahnersatz vom 15. 12. 2004, BGBl. I, 3445.
14) たとえば，当該疾病金庫の保険料率が 14.0% であったとすると，事業主が負担する保険料の料率は 7.0%，被保険者が負担する保険料の料率は 7.9% となった。

各疾病金庫がそれぞれの財政状況に応じて定めていた保険料率が2009年からは連邦政府により定められることになった。この保険料率は一般保険料率（allgemeiner Beitragssatz）と呼ばれ，全疾病金庫に統一的に適用される。一般保険料率に基づく保険料は，各疾病金庫を通じて徴収されるが，各疾病金庫ではなく新たに創設された健康基金の収入となる（図6-1）。また，公的医療保険に対する連邦補助も健康基金に対して支払われる。各疾病金庫には健康基金から資金が配分されるが，その際には，各疾病金庫におけるリスク構造の違いが考慮される[15]。

　一般保険料率は，健康基金の収入により全疾病金庫の給付費支出および事務費支出の総額を賄える水準に設定される。設定された一般保険料率では，健康基金の収入が全疾病金庫の給付費支出および事務費支出の総額の100%を上回るまたは95%を下回ると見込まれる状況になった場合には，それぞれ一般保険料率の引き下げまたは引き上げが行われる。

　一般保険料率は，前述の傷病手当金および歯科補綴のための支出に対応する特別の保険料（料率0.9%）とそれ以外の給付を賄うための通常の保険料を統合したものである。このため，一般保険料率から0.9パーセントポイントだけ差し引いた率に相当する保険料の2分の1を事業主が，残りを被保険者が負担することとされた。実際には，一般保険料率が14.9%と定められたため，被保険者の負担する保険料の料率が7.9%，事業主の負担する保険料の料率が7.0%となった。

　健康基金からの資金の配分に当たってリスク構造の違いによる影響が調整されたとしても，年齢，性別および疾病罹患状況が同じ被保険者に対して他の疾病金庫よりも多くの給付費を支出する疾病金庫は，健康基

---

[15]　各疾病金庫に配分される額は，まず，当該金庫に加入する被保険者（家族被保険者を含む）ごとに，定額の基礎包括額（Grundpauschale）に各被保険者の年齢，性別および疾病罹患状況（Morbidität）に応じた金額を加算または減額することにより算定し，それを合計することにより得られる。若くて健康な被保険者の場合には減額が，高齢で病気の被保険者の場合には加算が行われることになる。この資金の配分方式は従来のリスク構造調整を代替するものであるが，疾病罹患状況が考慮される点で従来と大きく異なっている。

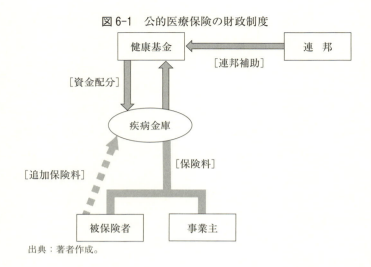

図6-1　公的医療保険の財政制度

出典：著者作成。

金から配分される資金だけでは支出を賄いきれないことになる。このような疾病金庫は，不足分を補うために，加入する被保険者から追加保険料を徴収する。疾病金庫は，追加保険料を被保険者の所得の一定割合または被保険者の所得の額にかかわりのない定額により定めることができる（Orlowski, Wasem, 2007: 41）。被保険者にとって過大な負担となることを避けるため，各被保険者の負担する追加保険料の額は，その者の「保険料負担義務のある収入」の1％未満でなければならないとされた。ただし，定額の追加保険料が月額8ユーロ以下の場合にはこの規定は適用されない。被保険者が被用者の場合でも，追加保険料については，事業主負担はなく，被保険者による単独負担となる。

(3)　一般保険料率の法定化と追加保険料制度の変更

2009年から実施されたこの新たな財政制度は，2010年にキリスト教民主・社会同盟および自由民主党（FDP）による連立政権のもとで制定さ

れた公的医療保険財政法（GKV-FinG）[16]による改革が2011年に実施されたことにより，次のように改正された。公的医療保険の一般保険料率を健康基金の収入と疾病金庫の給付費支出および事務費支出の総額に応じて連邦政府が定める仕組みは廃止され，一般保険料率は固定的なものとして法律において15.5%と定められた。これにより，被保険者の負担する保険料の料率は8.2%，事業主の負担する保険料の料率は7.3%となった。

健康基金から配分される資金だけでは支出が賄い切れない疾病金庫が徴収する追加保険料は，各被保険者の所得の額にかかわりのない定額の保険料とされ，各被保険者の所得に応じた追加保険料を徴収することができなくなった。あわせて，各被保険者が負担する追加保険料額の上限は撤廃された。ただし，追加保険料が被保険者にとって過大な負担とならないよう，被保険者に対して税を財源して一定の補填が行われる[17]。

(4) 一般保険料率の引き下げと追加保険料制度の再変更

再び成立した大連立政権の下で2014年に制定された「公的医療保険における財政構造と質の継続的発展に関する法律（GKV-FQWG）」により，一般保険料率の引き下げと追加保険料制度の再変更が行われた。一般保険料率は2015年1月に15.5%から14.6%に引き下げられた。そのうち料率7.3%に相当する保険料は被保険者が，残りの7.3%に相当する保険料率は事業主が負担する[18]。健康基金から配分される資金で支出が賄

---

[16] GKV-Finanzierungsgesetz vom 22. 12. 2010, BGBl. I S. 2309.
[17] この補填の対象となるのは，平均追加保険料が「保険料負担義務のある収入」の2％を超える被保険者である。平均追加保険料は，各疾病金庫において実際に徴収される追加保険料ではなく，全疾病金庫の支出総額の見込み額から健康基金の収入総額の見込み額を控除した額を全被保険者数の見込み数で割ることにより計算される。つまり，この補填は一般保険料率が固定されているなかで全疾病金庫の支出総額が健康基金の収入の増加を上回って増加することに対応して行われるものである。当該疾病金庫の給付費が他の疾病金庫よりも相対的に高いために生じる追加保険料の負担は補填の対象とならない。
[18] 被保険者が負担する保険料の料率が0.9パーセントポイント引き下げられるこ

いきれない疾病金庫は追加保険料を徴収することになる。一般保険料率の引き下げに伴い，各疾病金庫に配分される資金が少なくなったため，ほとんどすべての疾病金庫で追加保険料を徴収しなければならなくなった。追加保険料の全額を被保険者が負担しなければならないことに変わりはない。しかし，各被保険者が負担すべき保険料の額は，疾病金庫ごとに定額で定められることにかわって，被保険者の所得に応じた定率で定められることになった。追加保険料の平均料率は2015年には0.83%であったが，2016年には1.1%に上昇すると見込まれている[19]。

4. 考察

これまで検討してきたように，ドイツの公的医療保険に関しては，人口の高齢化や医学・医療技術の進歩による支出の増加が見込まれる状況の下で，公平な保険料負担を実現することおよび雇用の悪化につながる懸念がある労働コストの増加を抑制することを目的として，保険料のあり方をめぐる議論が活発に行われている。キリスト教民主・社会同盟と社会民主党の双方から対立する内容の改革案が提起されたが，これまでのところ，そのいずれかが完全に実施に移されたわけではない。しかし，異なる考え方を持った政党の組み合わせによる連立政権の下で，公的医療保険の保険料についても様々な改革が行われた。

このなかで，社会民主党の提案した「保険料負担義務のある収入」や「保険料を負担する者」の範囲を拡大することについては，大きな進展はみられなかった。

一方，キリスト教民主・社会同盟が提案した「労使折半負担」の原則

とにより，健康基金の収入額および疾病金庫への配分額がその分だけ減少することになる。その結果，不足する資金を賄うために被保険者が負担しなければならない追加保険料の総額が増加することになる。

[19] GKV-Spitzenverband, Zusatzbeitragssatz (http//www.gkv-spitzenverband.de) による。

を廃止することについては，保険料率の上昇による労働コストの増加が国内の雇用情勢を悪化させることへの強い懸念を背景として，政権交代によっても左右されない一貫した対応が行われた。当初，「労使折半負担」の原則からの逸脱は，被保険者が単独で負担する歯科補綴と傷病手当金のための特別の保険料（料率0.9%）に限られていた。しかし，公的医療保険全体の費用を賄うために徴収される一般保険料率が法定されたことにより，事業主の負担する保険料の料率は現状で固定された。これにより，今後，高齢化の進展等より公的医療保険の支出が保険料収入の伸びを上回って増加する部分については，被保険者側がすべて負担する仕組みが構築された。この結果，保険料の負担は，「労使折半負担」の状態から今後ますます乖離していく可能性がある。このように，ドイツでは，社会保険において長年にわたり維持されてきた「労使折半負担」の原則が変更された。

　また，キリスト教民主・社会同盟が提案した「所得に応じた保険料」の原則を廃止することについても，定額の保険料が追加保険料として導入されるなどの進展がみられた。いったん導入された定額の追加保険料が社会民主党の政権への参加により再び定率の追加保険料とされるなどのゆり戻しがみられるものの，今日のドイツにおいては「所得に応じた保険料」の原則は社会保険に必須のものとはいえなくなっている。

　定額の保険料の提案は，社会保険が担うべき機能との関係において重要な論点を含んでいる。ドイツの公的医療保険においては，負担能力に応じて保険料を徴収し，それを財源として医療上の必要性に応じた給付を行うことにより，疾病のリスクが高い被保険者と低い被保険者の間だけでなく，所得の高い被保険者と低い被保険者，家族の多い被保険者と少ない被保険者の間でも社会的調整が行われている。社会保険としての医療保険がこのような機能を有することは，これまで当然のことと考えられてきた。しかし，この提案は，被保険者の所得の多寡や家族数の多少に関する社会的調整については社会保険が担うべき機能ではないとの考え

方に基づいている。この点についてどのように考えるかは，今後の社会保険の制度，特に保険料負担のあり方を大きく左右する可能性がある。

第7章

子の養育に配慮した社会保険料

ドイツの公的介護保険においては，子のいる被保険者と子のいない被保険者の間で保険料率に差が設けられている。この差は，連邦憲法裁判所（Bundesverfassungsgericht）が2001年4月3日に行った決定[1]（以下「2001年決定」という）を踏まえて導入されたものである。2001年決定においては，被保険者に子がいるか否かにかかわりなく同じ保険料率を適用することとしていた当時の社会法典第11編[2]の規定がドイツの憲法である基本法（Grundgesetz）に違反するとの判断が示された。
　この章では，2001年決定およびそれをめぐる議論をもとに，社会保険料の負担と子の養育と関係について考察を行うこととする。

1. 介護保険料等に関する制度

　2001年決定の前提となった公的介護保険（以下「介護保険」という）の保険料算定および給付に関する制度等はおおむね次のようなものとなっていた。

(1) 保険料算定

　社会法典第11編に規定する介護保険の仕組みは，社会法典第5編に規定する公的医療保険（以下「医療保険」という）の仕組みを下敷きにして構築されている。医療保険に加入する義務がある者（被用者，年金受給者，失業手当受給者など）は，介護保険への加入義務がある[3]。被保険者の配偶者，パートナーおよび子であって，その所得が限度額[4]を超えないなどの要件を満たすものは家族被保険者となる。なお，ドイツの介

---

[1] 1 BvR 1629/94, BVerGE 103, 242.
[2] Sozialgesetzbuch Elftes Buch vom 26. 5. 1994, BGBl. I S. 1014.
[3] 医療保険の任意被保険者は，介護保険への加入義務があるが，民間介護保険に加入することも可能である。医療保険に加入するかわりに民間医療保険に加入している者には，民間介護保険への加入義務がある。
[4] この限度額は，2001年1月現在で月額640ドイツマルクとなっていた。

護保険では被保険者を一定年齢（日本では40歳）以上の者に限定する規定は設けられていない。

　介護保険に対する公費補助は行われず，その支出は基本的に保険料によって賄われる。保険料の額は，要介護となるリスクの大きさに応じたものではなく，当該被保険者に係る「保険料負担義務のある収入」に保険料率を乗じて得た額とされている。被用者の場合は賃金が，年金受給者の場合は年金給付が，失業手当受給者の場合には失業手当の基礎となった労働報酬の80％が「保険料負担義務のある収入」に該当する。「保険料負担義務のある収入」には上限（保険料算定限度）が設けられている[5]。保険料率は，在宅介護給付に加え施設介護給付が開始された1996年7月からは1.7％となっている。このようにして算定された保険料を，被用者である被保険者は使用者と折半で[6]，年金受給者である被保険者は年金保険者と折半で負担する。失業手当受給者である被保険者の保険料は失業保険の保険者が負担する。家族被保険者には保険料は賦課されない。

(2) 給付

　医療保険の給付は，一部負担金はあるものの，基本的に，疾病の治療のために必要な医療全体をカバーしているが，ドイツの介護保険はそのような意味での「フルの保険（Vollversicherung）」とはなっていない。つまり，介護保険は，個々の要介護者の状況に応じて必要となる介護サービス全体をカバーすることを目的とするわけではない。このため，施設介護および在宅介護のいずれの場合にも，介護保険の給付には要介護度に応じた上限が設けられている。費用負担の実態をみると，施設介護の場合には，介護費用そのものが介護保険の給付では賄いきれないうえに，

5）　保険料算定限度は2001年1月現在で月額6525ドイツマルクとなっていた。
6）　介護保険の導入に伴う使用者側の負担増加を調整する観点から，各州が州法により定められた休日を1日削減することとなった。これを行わなかったザクセン州においては，被保険者の負担がより大きな割合となっている。

室料および食費は介護保険の対象外であるため,全体として相当の個人負担が生じている。また,在宅介護の場合も,多くのケースで介護保険の給付だけでは介護に必要な費用の全体をカバーしきれていない[7]。在宅介護の場合の給付には,介護事業者を通じて介護サービスを提供する現物給付だけでなく,家族等が要介護者の介護を行う場合に支給される現金給付（介護手当）が含まれている。現金給付の額は現物給付の上限額よりも低い水準となっている。

介護の必要性が介護保険による給付だけでは十分にカバーされない部分は,連邦社会扶助法第68条よる介護扶助を受けることができる。ただし,この場合には,介護扶助を受ける者の収入および資産が一定の限度を超えないことが条件となる。

2. 連邦憲法裁判所決定の概要

(1) 憲法異議の要旨

連邦憲法裁判所による前述の決定は,介護保険における保険料の算定に当たって子の養育が考慮されないことを問題とする憲法異議に対して行われたものである。この憲法異議の申立人は,10人の子の父であり,介護保険の被保険者である。その妻は就労せず,子の世話をしており,その子と共に家族被保険者となっている。申立人は,社会法典第11編の保険料算定に関する規定（同編第54条,第55条,第57条,第58条および第60条）が基本法第2条,第3条および第6条ならびに法治国家および社会国家の原理に違反していると主張した。また,立法者が1992年7月2日付けの連邦憲法裁判所決定（BVerfGE 87, 1 以下「1992年決定」という）によって課された責務にも反していると主張した。

---

[7] Bundestagsdrucksache 14/3592, S. 10 ff.

その主な理由は次のとおりである。介護保険における将来の負担は，子を持つ現在の親が自分でその費用を負担して将来の保険料負担者となる世代を養育することによって初めて確保されるものである。それによって，子を養育する者は，子のいない者に比べて，金銭的に不利な状況におかれることになる。子の養育は，賦課方式の財政システムを維持する機能を持っており，保険料負担と同様に評価すべきである。したがって，介護保険の保険料から，子の養育のために支出する費用を控除することにより，子を養育する被保険者の二重負担をなくすべきである。

子を養育する被保険者の配偶者および子は，家族被保険者として保険料を負担することなく介護保険の対象になるが，それによって子を養育するための金銭的な負担が十分に埋め合わされるわけではない。児童手当や育児手当などの給付も，十分な負担調整とはなっていない。

(2) 連邦政府等の意見

この憲法異議に対しては，連邦政府，介護保険の保険者団体である地区疾病金庫連邦連合会および職員・労働者代替金庫連合会[8]，ドイツ家族連盟，ドイツ女性法律家同盟などからの意見表明が行われた。

これらの意見は，社会法典第11編の保険料算定に関する規定が合憲であるとするものと，違憲であるとするものに大きく分かれた。それぞれの意見の主な論拠は次のとおりである。

① 合憲とする意見

介護保険において，子のいる家族は，保険料負担のみならず給付においても，子のいない被保険者に比べて有利な扱いとなっている。被保険者の子および配偶者は家族被保険者として保険料を負担することなく保険の対象となり，保険事故が発生した場合には保険料を負担する被保険

---

8) 医療保険の保険者である疾病金庫が介護保険の保険者である介護金庫を兼ねているため，その連合会が介護金庫の連合会としての役割も果たしている。

者と同じ給付を受けることができる。さらに，要介護者を介護する家族については，介護保険がその者のために年金保険料を負担する。

　したがって，家族間の負担を比較する場合には，子のいない被保険者は，自分のためだけでなく，実質的には，家族被保険者となっている他の被保険者の配偶者や子のためにも保険料を負担していることに留意する必要がある。

　少なくとも，保険料算定限度と最低保険料の間では，所得の高い被保険者が低い被保険者のためにより多くの保険料を負担している。それ以上に家族の要因を考慮することは税制において行われるべきである。介護保険は一般的に子の養育のための負担を調整する手段として引き合いに出されるべきものではなく，子のいる家族と子のいない家族との間の負担調整という社会全体の課題は税制および児童手当が担うべきである。

　介護保険の給付は，公的年金保険（以下「年金保険」という）のように支払った保険料に応じたものではなく，要介護度に応じたものであるため，年金保険の場合のように子の養育により就労が中断あるいは制限されるために将来の給付において不利になることもない。また，「子を養育する者が，高齢となり，要介護状態となったときには，その子が介護を行うので，介護の現物給付ではなく，それよりも給付額が低い介護手当を受けることになる」という主張にも明確な根拠はない。

② **違憲とする意見**

　社会法典第11編の保険料算定に関する規定は公平なものとは考えられない。社会保険の保険料は，被保険者個人のリスクではなく，租税の場合と同様に，その経済的な能力に応じて賦課されるべきである。しかしながら，保険料の場合には，租税のような累進税率や最低生活水準に見合った控除の仕組みがとられておらず，家族の人数やその負担能力が考慮されない。しかも，保険料算定限度以下の所得の場合にはその全額が保険料算定の対象となるのに対して，所得がそれを超える者にとって

は，定額の保険料負担となっている。介護保険の実施に伴い，介護費用の負担が従来の社会扶助から介護保険による負担にかわったことにより，介護費用の財源が，所得の高い者に対して累進的に課される租税から，それらの者にとってより有利な保険料に切り替わったことになる。

　子のいる家族は，介護保険において賦課方式の財政システムが採用されたことにより，保険料を負担することに加え，将来の保険料負担者および介護者となる子を養育するという二重の負担を負うことになった。しかしながら，介護保険法においては，子を養育することを通じた制度への貢献が評価されておらず，基本法上の問題がある。保険料の負担と子の養育とは同等に評価すべきである。

(3)　連邦憲法裁判所の判断

　本件憲法異議に対して，連邦憲法裁判所は，「子を養育する被保険者」が同額の「保険料負担義務のある収入」を得ている「子のいない被保険者」と同額の保険料を負担する限りにおいて，社会法典第11編の保険料算定に関する規定は，基本法第6条第1項に結びついた基本法第3条第1項に違反するとの判断を示した。ただし，これらの規定は，新たな規定が定められるまで（遅くとも2004年12月31日まで）の間は，引き続き適用することが認められた。この判断の根拠は次のとおりである。

① 　保険料の賦課の是非

　そもそも，子を養育する者に介護保険の保険料を賦課すること自体が，国には家族を特別に保護・助長する義務があることを定めた基本法第6条第1項に反するわけではない。

　たしかに，子のいる家族は，子のいない家族に比べて，立法者が国民に対して求める財政的な負担の影響をより強く受けることになる。子のいる者はその子を養育しなければならないが，その一方で，就労を諦め，あるいは，制限せざるを得なくなるために，所得が減少することがある。

また，その子を他人に保育してもらうための費用負担が生じることもある。

　しかしながら，基本法第 6 条は，立法者に対して，家族に追加的な負担をかけることを一切回避するように求めるものではない。したがって，子を養育する者から介護保険の保険料を徴収することが違憲となるわけではない。また，国にこのような保険料の負担を調整する義務があるわけでもない。

　国による家族の助長が不適切かどうか，あるいは不十分かどうかは，総合的な判断の問題である。社会国家の原理と結びついた基本法第 6 条第 1 項からは，家族間の負担調整に関する国の一般的な義務が導き出せるだけで，どの程度の調整をどのように実施するかは，立法者の裁量に委ねられている。子を養育する者に介護保険の保険料を負担させること自体がこの裁量の範囲を越えるわけではない。

②　給付面での配慮

　子を養育する被保険者が介護保険のために特別の貢献を行っていることを給付面で考慮しないことも，違憲には当たらない。介護保険による給付の額は，年金保険の場合とは異なり，支払われた保険料の額に応じたものではないため，子を養育する者が，就労を諦め，あるいは，制限することにより，子のいない者に比べて給付面で不利になることはない。

　これに関連して，子のいる要介護者に対しては，他人の介護を必要とする子のいない要介護者よりも介護保険の支出が少なくなるかどうかについて検証すると，施設介護の場合には，子のいる者と子のいない者との間の顕著な差異は証明できない。すなわち，子のいない者が子のいる者よりも施設介護給付を請求する割合が高いという実証的なデータはない。一方，在宅介護の場合には，子の有無が給付の量に影響を及ぼしている。60 歳以上で在宅の要介護者のうち，子のいる者は，娘や嫁に介護を受けているために，子のいない者に比べて，介護現物給付よりも給付

額の少ない介護手当を選択するケースが多い。60歳以上の要介護者でみると，子のいない者に対する給付費支出は，子のいる者の場合に比べて10％高くなっている。

　立法者が，長期的に介護保険の支出に影響を及ぼす子の養育を給付の面で考慮に入れないとしても，基本法第6条第1項に結びついた基本法第3条第1項（「いかなる人も法の前に平等である」ことを規定）に反するものではない。なぜならば，介護保険法は，介護する家族がいない者に対しても社会連帯に基づく介護給付を行うことをその立法目的としているからである。

③　保険料の算定

　保険料の算定に当たって子の養育が考慮されないことは，基本法第6条第1項に結びついた基本法第3条第1項に違反し，そのことによって，子を養育する被保険者は子のいない被保険者に比べて，基本法上許されない不利な状況におかれている。

　介護保険支出の原因となる要介護のリスクの発生率は，年齢とともに高まり，60歳以上で顕著に高くなる。このような要介護のリスクは，賦課方式の財政システムを通じて，次の世代が負担する保険料によって支えられる。子を養育する者も，子のいない者も，賦課方式の財政システムの下では，将来において要介護者のために保険料を負担する十分な数の子どもが後を継ぐことに頼らざるを得ない。

　しかしながら，子の養育を通じて将来の保険料負担者を確保することに貢献したか否かにかかわりなく，要介護になった場合には同様の介護給付が受けられる。そのため，子のいない被保険者は他の被保険者が子を養育することにより利益を受けることになる。もちろん，子のいない被保険者は家族被保険者となっている他の被保険者の配偶者や子のためにも保険料を負担するが，このことを考慮しても，子のいない被保険者はなお有利な状況にある。

子のいない被保険者が介護保険から受ける制度固有の利益は，子の養育が社会に対してもたらす一般的な利益とは異なるものである。子の養育は社会全体の利益にかなうものであるが，それだけで，ある特定の社会給付制度が子の養育に配慮しなければならないわけではない。しかしながら，ある社会給付制度が，特に高齢者に発生するリスクをカバーし，勤労世代が高齢世代に起因する費用を保険料として負担することによって初めてその財政システムが機能するような場合には，保険料負担だけではなく，子の養育も，その制度にとって欠くことができないものである。子の養育が必ずしもすべての被保険者によって行われるわけではない以上，介護保険制度において子を養育する者がおかれている不利な状況は制度内部で調整されなければならない。

　立法者は，大多数の被保険者が子を養育している限りにおいて，子を養育する被保険者が子のいない被保険者に比べて不利な状況にあることを放置しておくことが許される。つまり，子のいない被保険者の割合が極めて小さい場合に，立法者は裁量の範囲内でその者の保険料を子を養育する被保険者の保険料と同じにしておくことができる。しかし，1994年に子の養育を考慮せずに介護保険法の保険料算定に関する規定を定めたことは，この裁量の範囲を越えている。なぜならば，1994年には，過去数十年の間に子を養育する者の数が劇的に減少していることを認識し得たわけであり，立法者は，その時点で，圧倒的大多数の被保険者が保険料を負担するとともに子の養育を行うことにより介護保険制度に貢献すると考えることはできなかったからである。

　同じ保険料を負担することは，子を養育する被保険者の介護保険制度に対する貢献（保険料の負担と子の養育）と子のいない被保険者の貢献（保険料の負担）との間の明らかな不均衡をもたらすことになる。したがって，保険料負担に関して，子を養育する被保険者がおかれている不利な状況は調整されなければならない。なお，子を養育する被保険者が子のいない被保険者と同じ保険料を負担することでその家族についても

介護給付を受けられることをもって，この不利を埋め合わせることはできない。

(4) 是正措置

本件決定においては，介護保険法の該当条文が基本法第6条第1項に結びついた基本法第3条第1項に違反することが宣言されただけであり，立法者は様々な方法によりこれを是正することが可能である。また，法的安定性と立法者による検討の必要性に配慮して，2004年12月31日までは例外的に現行規定の適用が認められた。したがって，立法者は，遅くともこの時期までには，基本法に抵触しない新たな規定を定めなければならないことになった。なお，この期限を定めるに当たっては，この決定の意味が介護保険以外の社会保険においても検討されるべきであることが考慮された。

立法者には，基本法に沿って社会法典第11編の保険料算定に関する規定をどのように定めるかについて，広範な裁量が認められる。基本法が立法者に課していることは，子を養育する被保険者は子のいない被保険者に比べて介護保険の保険料算定において相対的に負担が軽減されるべきであるということだけで，その具体的な方法は立法者に委ねられている。

3. 2001年決定についての検討

(1) 子の養育についての基本的考え方

本件決定の対象である介護保険の保険料負担と子の養育との関係を検討するに当たっては，まず，子の養育の意義をどう考えるか，特に子の養育を社会としてどう評価するかが根本的な問題となる。子の養育をそれぞれの家族の全く個人的な事柄として考えれば，国が子の養育に係る

家族間の負担調整を行う必要性はそもそも生じ得ない。つまり,「子を養育する親は自分たちの考えで子を設け,養育しているにすぎない」との考え方に立てば,負担調整という議論は成り立たない。そうではなく,子の養育が社会全体に対して持つポジティブな機能を社会として評価することからこの議論は出発する。

その上で,子を養育する者が子のいない者に比べて不利な状況におかれていることを認めることが,家族間の負担調整の前提となる。つまり,子がいることにより,その養育のために相当の支出増になるとともに,その世話をする者は就労を諦めるか,あるいは制限することにより収入が減少し,将来の年金給付もそれだけ減少する可能性がある。

ドイツでは,従来から,子を養育する家族とそうでない家族との間の負担の調整が家族政策の目的の一つとなっているが,その根本には,子の養育に対する社会的な評価および子を養育する者がおかれている不利な状況についての前述のような基本認識がある(Schulin, 1993: 21)。

こうした考え方に立って,社会法典第1編第6条は,「子を扶養しなければならない,あるいは,扶養している者は,それによって生じる経済的な負担軽減の権利を有する」と規定し,子の扶養に伴う負担について調整を受ける権利を社会権[9]の一つとして定めている。児童手当はこのような負担軽減に関する権利を実現するための典型的な社会給付として位置づけられてきている(Igl, 1993: 2)。

(2) 連邦憲法裁判所による従前の決定との関係

子を養育する者と子のいない者との社会保険における公平の問題については,従前から連邦憲法裁判所の判断が示されている。本件異議申立

---

9) 社会権の性格は基本法上の基本権とは異なる。社会法典の規定を解釈し,裁量を行使するに当たっては,社会権の実現に配慮しなければならないが,具体的な請求権は,その要件および内容が社会法典において具体的に規定される限りにおいて発生し,導き出されるものである。また,社会権を根拠に訴訟を提起することはできない。

人が申し立て理由に挙げている1992年決定は，年金保険における児童養育期間の問題を取り扱ったものであるが，本件憲法異議を検討するに当たっての重要な判例となる。

　1992年決定は次のような指摘を行っている。社会国家の原理と結びついた基本法第6条からは，家族負担調整に関する国の一般的な義務が導き出せるだけで，調整の具体的な内容は立法者の裁量に委ねられる。むしろ，基本法第6条第1項と結びついた基本法第3条第1項が検討の基準となる。世代間契約に基づく賦課方式の財政システムをとっている年金保険は，保険料を負担する次の世代なしには存続し得ない。したがって，子を養育する者は，それによって年金保険制度の維持に貢献している。それにもかかわらず，子を養育する者は，そのために就労できなくなり，収入が減少するだけでなく，将来の年金額も少なくなるという不利な状況におかれている。子を養育する者が年金保険においてこのように不利な状況におかれていることは，年金保険法の規定を通じて調整されるべきである。ただし，その際には，立法者に広範な裁量が認められる。

　これらの点ついては，2001年決定においてもその考え方が基本的に踏襲されており[10]，2001年決定が特に新しい判断を示したわけではない。2001年決定に固有の重要な指摘は，介護保険財政の本質が年金保険と同様に世代間契約を基礎とした賦課方式によるシステムにあると認定したこと，1992年決定のような給付面での公平ではなく保険料負担面での公平を求めたことおよび一般的な負担調整ではなく当該給付制度内部での調整が必要となる根拠を明確にしたことにあるといえる。

10）　従来から，1992年決定が示した考え方を援用して社会法典第11編の保険料算定に関する規定が違憲であると主張する論者はいたが，これに対して連邦憲法裁判所がどのような判断をするのかが注目されていた（Fuchs, 1997: 104）。

(3) 介護保険財政システムの評価

介護保険と対比してみると，1992年決定が対象とした年金保険の場合には，制度的にも，世代間契約に基づく賦課方式の財政システムにより成り立っていることが明白である。年金保険の被保険者は労働報酬を得て就労している者などであり，年金受給者は被保険者に含まれない。年金保険の保険料は，各年の年金給付に必要な費用を賄うために，被保険者の得る労働報酬等に対して賦課される。給付の大部分を占める老齢年金の支給年齢は法律上明記されており，原則65歳以上となっている。被保険者は保険料を負担することにより自分が高齢者になったときに年金給付を受ける権利を獲得し，かつ，その給付の額は当該被保険者が支払った保険料に応じたものとなる。このように，年金保険の財政システムは，現在の勤労世代が，将来において次の世代が自分たちのために保険料を負担し，それによって給付が受けられることを前提に，現在の高齢世代に対する年金給付のために必要な保険料を負担することにより成り立っている。

これに対して，介護保険の場合には，被保険者の範囲，保険料の負担，給付などの仕組みが医療保険を踏襲したものとなっており，制度的には世代間契約に基づく賦課方式の財政システムによって成り立っていることが年金保険の場合ほど明白ではない。すなわち，介護保険の被保険者には，労働報酬を得て就労する者などのほかに，年金受給者である高齢者も含まれる。介護保険の保険料も，各年の介護給付に必要な費用を賄うために賦課されるが，年金受給者が受給する年金に対しても労働報酬と同様に保険料が賦課される。給付受給要件として，給付申請の直前10年間で5年以上の被保険者期間が必要とされるが，もちろん要介護のリスクの発生が前提であり，対象者の年齢とは関係がない。給付の額も，支払った保険料ではなく，要介護の程度に応じたものとなる。したがって，介護保険の場合には，一見すると，年齢や世代とは関係なく，一定

のリスクを被保険者の間で分散するだけの仕組みのようにも見える。

　しかしながら，要介護のリスクの発生率は，60歳以下では1％にも満たないのに対して，60歳から80歳では5％，80歳以上では20％となり，年齢とともに顕著に増加する[11]。介護給付受給者の8割以上が60歳以上の者であり，特に施設介護の場合には80歳以上の者が給付受給者の6割以上を占めている（BMGS, 2004）。このような実態に着目すれば，勤労世代が負担する保険料の大部分が高齢者に対する介護給付に充てられているわけであり，勤労世代による保険料負担を抜きにして介護保険財政が成り立たないことは明らかである。したがって，年金保険と同様の意味における世代間契約と考えられるかどうかは別にしても，少なくとも，2001年決定の根拠となった，子を養育する被保険者は保険料負担のみならず将来の保険料負担者を養育するという意味で介護保険制度に二重の貢献をしているとの判断を導き出すことは可能であり，かつ，納得のいくものである。

(4) 保険料算定における公平

　1992年決定においては年金給付の算定に当たって考慮される児童養育期間が検討の対象となったのに対して，本件決定においては子の養育を給付面ではなく保険料の算定に当たって考慮することが検討の対象となった。この相違は，年金保険と介護保険との制度的な違いに由来するものである。

　年金保険の場合には，給付額は当該被保険者が支払った保険料に応じたものとなるため，単純に保険料負担を軽減することは，将来の給付を減らすことにつながり，必ずしも被保険者にとってメリットがあるわけではない。したがって，子を養育することによる年金保険制度への貢献を評価するためには，子の養育のために就労を諦め，あるいは制限する

---

11)　Bundestagsdrucksache 12/5262, S. 62.

ことにより保険料を納付できなかったことが将来の給付において不利に働かない方向で調整する必要がある。

このため,年金保険においては,0～2歳までの子を養育する期間である「児童養育期間（Kindererziehungszeit)」の制度が設けられている。年金給付の算定に当たって,この期間においては全被保険者の平均報酬に相当する労働報酬に見合った義務保険料が納付されたとみなされる。それによって,児童養育期間は,年金受給に必要な5年間の待機期間を満たす可能性を高めるとともに,受給できる年金額を引き上げる効果をもつ。1992年決定は,遺族年金・養育期間法[12]により導入された当時の児童養育期間[13]の制度を前提に,子の養育についての一層の配慮を求めたものである。

一方,介護保険の給付は,要介護のリスクが発生した場合にそれによって必要となる介護を確保することを目的として行われるものである。このため,大半の被保険者が高齢期において介護保険の給付を受給するというわけではない。また,給付を受給する場合であっても,その額は支払った保険料とはかかわりなく要介護の程度に応じたものとなる。したがって,子を養育することによる介護保険制度への貢献を評価するためには,給付面ではなく保険料算定における調整が必要となる。

(5) 介護保険制度内部での調整

前述のとおり,ドイツにおいては,子を養育する者と子のいない者との間の負担調整の必要性が,政策的にも,法的にも認められている。そのための手段としては児童手当が典型的な給付としてあげられるが,それにとどまらず,育児手当（Erziehungsgeld),就学促進給付（Ausbil-

---

[12] Hinterbliebenenrenten- und Erziehungszeiten-Gesetz vom 11. 7. 1985, BGBl. I S. 1450.
[13] 当時は,子の誕生後1年間について,平均報酬の75％に相当する労働報酬に賦課される義務保険料が納付された期間として評価されていた。その後,対象期間の拡大,評価の引き上げなどの改善措置が行われてきている。

dungsförderung）などの様々な社会給付および児童扶養控除（Kinderfreibetrag）などの税制上の措置によって家族間の負担調整が図られている。

　介護保険においては，保険料負担の必要がない家族被保険者の制度が設けられている。社会法典第11編の保険料算定に関する規定を合憲とする立場からは，家族に対してそれ以上の配慮を行うことは，児童手当や税制が対応すべき課題であるとの指摘がなされている。これに対して，2001年決定は，様々な給付や税制上の措置を通じて行われる家族負担調整全体を通じて公平な負担が実現しているかどうかの総合的な判断ではなく，介護保険という個別制度の内部において，子を養育する者と子のいない者との負担の公平に配慮する必要があると指摘している。

　この点について，1992年決定と2001年決定の結論は共通しているが，2001年決定ではその根拠がより明確に示されている。前者においては，単に「年金保険制度で発生した不利は，その内部で調整されなければならない」として片付けられている。これに対して，後者では，子の養育が社会全般に利益をもたらすからではなく，将来の保険料負担者となる子を養育することが介護保険制度にとって不可欠であるから，子を養育する被保険者がそれによって不利な状況におかれることは介護保険制度内部で調整する必要があるとしている。この考え方に立てば，子の養育が社会全般にもたらす一般的な利益に対応した児童手当等の給付や税制上の措置と，個々の給付制度への貢献に対応した当該制度内部での調整措置との役割分担も可能になる。ただし，両者は全く独立した関係にあるわけではなく，児童手当等の一般的な措置が充実されれば，子の養育による不利はそれだけ減少するわけで，それが個々の制度内部の調整にも影響を及ぼすことになると考えられる。

4. 2001年決定の実施状況

(1) 介護保険における対応

　前述のとおり2001年決定を具体的にどのように実施するのかについては，立法者に広範な裁量が認められた。このため，立法者は，基本法に適合した法的状態を作り出すためにどのような方法をとることが被保険者にとって負担可能であり，かつ，介護保険にとって財政的に可能であるかを検討する必要があった。子を養育する被保険者と子のいない被保険者の保険料に差をつける方法としては，子のいない被保険者の保険料に加算すること，子を養育する被保険者の保険料を割り引くこと，あるいは，その両方を実施することが考えられた。実際に制定された法律では，子のいない被保険者に適用される保険料率に0.25パーセントポイントの加算を行うこととされた。この結果，子を養育する被保険者には従前どおり1.75%の保険料率が，子のいない被保険者には2.0%の保険料率が適用されることになった。つまり，前記の三つの選択肢のうち，介護保険財政にとって最も有利な方法が選択された。

　この保険料率の加算は満23歳以上の被保険者にのみ適用される。23歳という年齢は，被保険者の子で就労していない者であっても家族被保険者でなくなり，自ら介護保険および医療保険の保険料を支払わなければならなくなる年齢に相当する。

　なお，1940年よりも前に生まれた被保険者の場合には，保険料率に対するこの0.25パーセントポイントの加算は行われない。ドイツにおける合計特殊出生率は，1960年代の半ばまでは2.5近くであったが，その後，急速に低下した。1940年よりも前に生まれた世代では，多数の者が子を養育しており，子を養育する被保険者と子のいない被保険者に同じ保険料負担を求めることが，2001年決定でも許容されるような状態にあっ

た。このため,1940年よりも前に生まれた被保険者には,保険料率の加算を適用しないこととされた[14]。

(2) 他の社会保険における対応

2001年決定では,介護保険以外の社会保険についても,この決定の考え方を踏まえた検討が行われることが期待されていた。しかし,他の社会保険では,子を養育する被保険者と子のいない被保険者の間で保険料負担に差を設けることは行われなかった。

介護保険では,被保険者が支払った保険料の額とは無関係に,要介護の程度に応じた給付が行われる。これに対して,年金保険の場合には被保険者の支払った保険料に応じた給付が行われる。年金保険においても,3歳までの子を養育する被保険者に関して児童養育期間の制度が設けられるなど,子の養育を行う被保険者への配慮が行われている。しかし,これらは,子の養育を通じて年金保険への貢献を行う被保険者に対して,保険料面からではなく,給付面からの配慮を行うものである。2001年決定を受け,政府,関係審議会などで改めて検討が行われたが,年金保険において介護保険と同様に子を養育する被保険者と子のいない被保険者の間で保険料に格差を設けるという結論には至らなかった[15]。その重要な理由のひとつは,前述のような年金保険制度の特性を考慮すると,保険料算定において子を養育する被保険者と子のいない被保険者との差を設けることよりも,子を養育する被保険者に対して給付面での配慮を行うことの方が制度になじみやすく,適切であると考えられたからである。

医療保険の場合にも,給付や財政的な面において介護保険とは異なる状況が存在する。子どもや勤労世代に属する者が病気のために給付を受ける可能性は,それらの者が要介護ために給付を受ける可能性よりもはるかに高い。したがって,被保険者は,医療保険においてその子や配偶

---

14) Bundestagsdrucksache 15/4375, S. 4.
15) 検討の内容等については,Bundestagsdrucksache 15/4375, S. 4 ff. による。

者が保険料を負担することを要しない家族被保険者とされることにより，介護保険の場合に比べてはるかに大きなメリットを享受することができる。また，医療保険では，妊娠・出産に関する給付，子供に固有の給付，子供に関する一部負担金の免除が設けられるなど，介護保険に比べて家族や子供への手厚い配慮が行われている。これらの点を考慮して，医療保険においては，子の養育を行う被保険者に対してそれ以上の配慮を行う必要はないと考えられた。

5. まとめ

社会保険は，所得の多寡に応じた保険料を徴収することや，被保険者の配偶者および子を家族被保険者として位置づけ，それらの者については保険料を徴収することなく保険の対象にすることなどを通じて，家族間の負担の公平に寄与するものと考えられてきた。また，そのことが，個人単位に保険が適用され，かつ，被保険者のリスクに応じた保険料負担が求められる民間保険とは異なる社会保険の特性として説明されてきた（Schulin, 1993: 21, 336）。それだけに，2001年決定は，社会保険料のあり方についての従来の考え方に重要な変更をもたらす可能性のある問題点を提起するものであるといえる。

社会保険の各制度における保険料と給付との関係については，国によっても，また，制度によっても，大きな違いが存在する。このため，ドイツにおいてこの決定の考え方を他の社会保険制度に適用することの可否について検討された際にみられたように，保険料の面で子を養育する被保険者に対する配慮を行うことが必ずしもすべての社会保険において適切であるとはいいきれない。

しかしながら，2001年決定は，世代間契約を基礎とする賦課方式の社会保険にとって不可欠な将来の保険料負担者となる子の養育を行う被保険者に対する配慮について，それぞれの制度において，給付面のみなら

ず，保険料負担面においても，公平性の確保の観点から検討する必要があることを明らかにした点において，重要な意義を持つものといえる。

第8章
非正規労働者の増加 などへの対応

日本では1990年代の半ば以降，非正規労働者が大幅に増加しており，非正規労働者が労働者の4割近くを占めるにいたっている。同様に，ドイツの労働市場においても，従来の正規雇用の枠に収まらない多様な就労形態が出現している。このような変化は，就労を行う個人の希望や事業主の意向などを反映したものではあるが，社会保険による労働者の保護や社会保険財政の安定にとって問題となる恐れがある。このため，社会保険においても就労形態の多様化に対応するための改革が進められている。

　この章では，ドイツにおいて実施された改革方策の検討をもとに，就労形態の変化が社会保険にもたらす問題とその解決策について考察する。

1. 就労形態の多様化

　ドイツでは，「通常の就労形態」は継続的，従属的かつフルタイムの労働で特徴づけられるが，労働時間，労働期間，社会保険の適用に関してこれとは大きく異なる就労形態がかなり以前から増加してきている。そのようなものとしては，パートタイム就労，僅少労働，期限付き就労，派遣労働，自営業などが挙げられる。このような「非典型的な就労形態」が「通常の就労形態」を全面的に代替するような状況にあるわけではないが，すでに全就業者の3分の1以上が「非典型的な就労形態」となっている。

　「非典型的な就労形態」のなかでは，パートタイム就労が最も大きな割合を占めている[1]。「従属的な就労に従事する者（被用者）」に占めるパートタイム就労者（Teilzeitbeschäftigte）の割合（パートタイム比率）は，1960年（西独）では4％程度にすぎなかったが，1991年で16.4％，2000

[1) パートタイム就労は，従属的な就労であって，労働時間が協約上のフルタイムを下回るものをいう。

年で27.3%，2010年では34.7%と一貫して上昇を続けている[2]。パートタイム比率を男女別にみると，2010年でも男性は17.4%であるのに対して，女性は52.2%と男性の3倍もの水準にある。この結果，パートタイム就労者の約75%は女性となっている。パートタイム就労には，「社会保険への加入義務がある就労」と「社会保険への加入義務がない就労（僅少労働）」が含まれる。社会保険への加入義務がある被用者に占めるパートタイム就労者の割合は，2010年で19.4%となっている。

　後述するように，被用者であっても，労働報酬や労働期間が僅かであるためにその就労が僅少労働（geringfügige Beschäftigung）に該当するものは，社会保険への加入義務が免除されている。連邦労働・社会省の委託により行われた調査の結果では，僅少労働に従事する者は1992年から1997年までのわずか5年間に445万人から563万人へと26.5%も増加した。1987年（西独）には僅少労働に従事する者1人に対して7.4人の割合で「社会保険への加入義務がある就労」を行う者がいたが，この割合は1997年には僅少労働に従事する者1人に対して4.8人にまで低下した[3]。ただし，2004年12月から2011年12月までの推移をみると，僅少労働に従事する者の数は694万人から699万人へとわずかな上昇にとどまっている（Deutsche Rentenversicherung Knappschaft-Bahn-See, 2012: 7）。

　被用者だけではなく，自営業者についても大きな変化が見られる。自営業者は，1996年には340万人であったが，2003年には374万人，2009年には422万人へと増加している。このような自営業者の増加は，「従業員を雇用していない自営業者」の増加によるところが大きい。この間に，「従業員を雇用していない自営業者」は164万人から236万人へと40%以上も増加したのに対して，「従業員を雇用している自営業者」は176万人から

---

2)　パートタイム就労に関するデータは，BMAS（2012b）による。
3)　以上の僅少労働従事者に対するデータはBundestagsdrucksache 14/280, S. 10 による。

186万人への増加にとどまっている[4]。

　自営業者とは自らの名前と責任により経済活動を行う者であり，自分の活動ならびに労働時間および労働場所を自由に決定することができる者である（Bäcker et al., 2008: 447）。しかし，実際には事業主に従属的な就労を行う者であるが，形式的には被用者としての地位を有しないために，自営業者として取り扱われ，社会保険による保護の対象となっていない「見かけ上の自営業者（Scheinselbständige）」が存在する。「見かけ上の自営業者」はいずれの産業・雇用分野にも存在している。特に，近年の厳しい競争環境の中で，企業組織の再編が行われ，その中で個々の就労分野の分離・独立化，被用者としての就労から「見かけ上の自営業者」としての就労への転換が進められている。

　就労形態に関してこのような変化が生じている原因は様々である。一つは，それぞれの労働者が希望するライフスタイルの多様化に対応した就労形態が求められるようになっていることが挙げられる。また，国際的な競争の激化により，企業への労働コスト削減圧力が高まっていることも挙げられる。さらに，派遣労働，期限付き就労および解雇制限に関する労働規制の緩和が進んでいることもその原因の一つと考えられる。

2. 社会保険への影響

　ドイツの社会保険において，被保険者の大部分は被用者であり，自営業者には一定範囲の者を除き社会保険への加入義務は課されていない。また，被用者であっても，労働報酬や労働期間がわずかであるためにその就労が僅少労働に該当する場合には，社会保険（医療保険，介護保険，年金保険および失業保険）への加入義務が免除されている[5]。

---

4) 自営業者に関するデータは，Statistisches Bundesamt（2011）による。
5) 労災保険においては，労働報酬や労働期間にかかわりなくすべての被用者が被保険者とされ，僅少労働を行う者であっても加入義務は免除されてない。

社会保険は，被用者として従属的な就労を行うことが本人とその家族の生活を支える基盤となっている者に対して社会的保護を行うことを目的とする。社会保険への加入義務の範囲はこのような伝統的な考え方に基づいて定められている。したがって，社会保険が想定する典型的な状況が存在しない場合には，社会保険への加入義務を課す必要がないことになる。たとえば，いわゆる専業主婦がわずかな追加的収入を得るために短時間の就労を行うような場合には，主としてその就労によりその者の生計が維持されるわけではない。このような場合には，上記のような考え方から，社会保険への加入義務は課されないことになる。つまり，僅少労働に関して社会保険への加入義務が課されていない理由は，僅少労働を行う者には，家族による扶養，資産，自営業など，僅少労働以外にその生計を維持するに足る重要な経済的基盤が存在すると考えられるからである。

　しかしながら，前述のような就労形態の多様化は，このような考え方を前提とする社会保険に対して大きな影響を及ぼす可能性がある。第一に，非典型的な就労の拡大は，「社会保険への加入義務がある就労」を減少させる効果を持つ。1992年から2010年の間に，就業者全体の数は3820万人から4060万人へと240万人増加したのに対して，社会保険への加入義務のある被用者は2930万人から2770万人へと減少している（BMAS, 2012b）。

　第二に，非典型的な就労の拡大は社会保険の財政収入を減少させる効果を持つ。社会保険の財政収入は部分的には連邦補助により構成されているものの，その大きな割合を占めているのは保険料収入である。保険料収入の額は，保険料を支払う被保険者の数と保険料算定の対象となる被保険者の所得の額に依存している。非典型的な就労の拡大は，被保険者数の減少とパートタイム就労のような賃金のより低い就労の拡大を通じて，社会保険の保険料収入を減少させる。

　第三に，非典型的な就労の拡大は，就業者が受け取ることのできる年

金給付を減少させる効果を持つ。なぜならば，社会保険への加入義務がない就労を行う期間は，保険料が支払われないため，その分だけ将来の年金給付が減少することになってしまうからである。

一方，社会保険への加入義務の仕組み自体が非典型的な就労を拡大させる可能性もある。被用者であっても，僅少労働を行う場合には社会保険への加入義務が生じず，その者を雇用する事業主は社会保険料の負担を免れることができる。このため，事業主に対しては，労働コストを削減する観点から「通常の就労形態」を僅少労働に切り替えようとする誘因が働く。

以上のような問題に対処するため，ドイツの社会保険においては，僅少労働および自営業に関して，それぞれ次のような改革が実施された。

3. 僅少労働に関する改革

(1) 1999年の改正

1998年秋の連邦議会選挙の結果を受けて新たに成立した社会民主党（SPD）と同盟90・緑の党（Bündnis 90/Grünen）による連立政権の下で，1999年3月には僅少労働改正法[6]が制定された。これによって，社会保険における僅少労働に関する制度が根本的に変更された。

この改正の目的は次のような点にあった。第一に，社会保険への加入義務がない僅少労働が増加することにより保険料収入が「浸食」されることを防止し，社会保険財政の安定を確保することである。第二に，事業主がコスト削減のために僅少労働を拡大しようとする経済的な誘因を取り除くことである。第三に，僅少労働に従事する者に，将来の年金給付の改善につながる選択肢を用意することである。そのために，僅少労

---

[6] Gesetz zur Neuregelung der geringfügigen Beschäftigungsverhältnisse vom 24. 3. 1999, BGBl. I S. 388.

働の範囲の見直し,事業主による保険料負担義務の導入および年金給付に関する改善が行われた。

① 僅少労働の範囲の見直し

僅少労働には,「継続的な僅少労働（社会法典第 4 編第 8 条第 1 項第 1 号）」と「短期的な僅少労働（社会法典第 4 編第 8 条第 1 項第 2 号）」がある。このうち,「継続的な僅少労働」は,従来,週労働時間が平均 15 時間未満で,かつ,労働報酬月額が平均報酬額（Bezugsgröße）の 7 分の 1（1999 年では,旧西独地域 630 マルク,旧東独地域 530 マルク）を超えないものとされていた（表 8-1）。このため,僅少労働に係る労働報酬月額の上限は平均報酬額の増加に伴って引き上げられてきた。これに対して,1999 年の改正では,僅少労働に係る労働報酬月額の上限が旧西独地域と旧東独地域との間で統一され,かつ,その額が 630 マルク（325 ユーロ）に固定された。固定された上限額のもとでは,労働報酬の水準が上昇することにより僅少労働に該当する労働者の割合が低下することから,この改正は中期的には僅少労働の拡大を抑制する効果を持つと期待された[7]。

短期的な僅少労働は,従来,1 暦年で 2 月あるいは 50 労働日までの就労で,かつ,労働報酬月額が平均報酬額の 7 分の 1 を超えないものとされていた。短期的な僅少労働の場合にも,この改正により,労働報酬月額の上限額が 630 マルクに固定された。

さらに,この改正では,ヤミ労働を防止する観点から,僅少労働を行う者の事業主は,就労開始などに関して社会法典第 4 編第 28a 条に定める届け出を行う義務が課されるとともに,僅少労働だけを行う者にも社会保険証の携行・提示が義務づけられることになった。

一人の被用者が複数の僅少労働を行う場合には,それ以前から,それ

---

[7] Bundestagsdrucksache 14/280, S. 10.

表8-1 継続的な僅少労働に関する制度の主な改正

	僅少労働の範囲	事業主保険料の料率	年金保険の適用	年金保険料算定の際の最低労働報酬額
1999年改正前	週労働時間15時間未満かつ労働報酬が平均報酬額の1/7以下	—	免除	—
1999年改正後	週労働時間15時間未満かつ**労働報酬が月325ユーロ以下**	年金保険12%、医療保険10%	免除「適用」の選択も可	月155ユーロ
2003年改正後	**労働報酬が月400ユーロ以下**	(個人の家庭での場合)年金保険5%、医療保険5% (その他の場合)年金保険12%、医療保険11%	免除「適用」の選択も可	月155ユーロ
2006年改正後	労働報酬が月400ユーロ以下	(個人の家庭での場合)年金保険5%、医療保険5% (その他の場合)年金保険15%、医療保険13%	免除「適用」の選択も可	月155ユーロ
2013年改正後	**労働報酬が月450ユーロ以下**	(個人の家庭での場合)年金保険5%、医療保険5% (その他の場合)年金保険15%、医療保険13%	適用「免除」の選択も可	月175ユーロ

注) 太字の部分は、それぞれの改正による変更点を示す。
出典：著者作成。

らの就労を一つにまとめて僅少労働に該当するかどうかを判断することとされていた。つまり、一人の被用者が異なる事業主の下で複数の継続的な僅少労働を行う場合であって、合計労働時間または合計労働報酬が僅少労働の基準を超えるときは、すべてが保険加入義務のある就労とみ

なされ,通常の保険料負担義務が発生する[8]。また,一人の被用者が同一の事業主の下で短期的な僅少労働を繰り返し行う場合にも,同様の取り扱いがなされる。

さらに,この改正では,一人の被用者が異なる事業主の下で保険加入義務のある就労と同時に僅少労働を行う場合にも,労働時間および労働報酬の合算が行われることになった。この結果,保険加入義務のある主たる就労のほかに,副業として僅少労働が行われる場合には,当該僅少労働は保険加入義務のある労働とみなされ,通常の保険料負担義務が発生する[9]。これにより,複数の僅少労働を行う者と副業として僅少労働を行う者との平等な取り扱いが行われることになった[10]。

② 事業主による保険料負担義務の導入

僅少労働を行う者は,社会保険への加入義務が免除されるため,従来どおり保険料を負担することを要しない。ただし,新たな規定では,継続的な僅少労働を行う者を雇用する事業主は,年金保険および医療保険の事業主保険料を負担することとされた[11]。ただし,医療保険において,僅少労働に係る事業主保険料が賦課されるのは,当該僅少労働を行う者が医療保険の被保険者である場合に限られる。失業手当受給者として医療保険の被保険者となっている場合や,医療保険の被保険者の配偶者ま

---

8) 一人の被用者が同一の事業主の下で同時に複数の就労を行う場合には,労働契約上の形態がいかなるものであろうとも,社会保険法においては,一つの統一的な使用関係が存在するものとみなされる(Entscheidungen des Bundessozialgerichts 55, 1)。
9) ただし,失業保険においては,保険加入義務のある就労とそれと同時に行われる僅少労働との間でのこのような合算は行われない。
10) 従来の規定では,たとえば,月400マルクの労働報酬が得られる僅少労働を2ヵ所で行う者は,いずれの労働報酬にも社会保険料が賦課された。一方,月5000マルクの労働報酬が得られる保険加入義務のある就労を行う者が,副業として月400マルクの労働報酬が得られる僅少労働を行ったとしても,副業としての僅少労働には社会保険料が賦課されなかった。
11) 短期的な僅少労働の場合には,継続的な僅少労働の場合のような事業主保険料の負担義務は発生しない。

たは子であるために家族被保険者となっている場合などが，これに該当する。これらの者はもともと医療保険による保障の対象となっており，僅少労働に対して事業主保険料が負担されることにより，追加的な給付が受けられるわけではない。この事業主保険料の額は，年金保険では労働報酬の12％，医療保険では10％とされた[12]。一方，失業保険および介護保険においては，僅少労働には引き続き保険料が賦課されない。

③ 年金給付に関する改善

年金保険において，継続的な僅少労働を行う者を雇用する事業主は事業主保険料を負担することとされたが，僅少労働を行う者は，年金保険への加入義務を免除されており，保険料を負担しない。このため，この事業主保険料が納付された期間は，通常の保険料納付期間と同等に取り扱うことはできない。しかし，この事業主保険料は年金額の算定に加味され，将来の年金額を増加させる効果を持つ[13]。

さらに，継続的な僅少労働を行う者には，年金保険者に対して意思表示を行うことにより加入義務の免除を放棄することが認められた。このような意思表示を行った者は，年金保険の強制被保険者となり，保険料を負担する義務を負う。この場合の保険料額は労働報酬に通常の保険料率を乗じて得た額となるが，その負担は労使折半にはならない。すなわち，事業主は，保険加入義務が免除された僅少労働の場合と同様，労働報酬の12％に相当する保険料を負担し，被保険者がその残りを負担する。たとえば，年金保険の通常の保険料率が19.5％であるとすると，僅少労

---

12) この事業主保険料には対象となる労働報酬の下限は設けられていないので，僅少労働による労働報酬には最初の1マルクから事業主保険料が賦課される。
13) 年金額は当該被保険者の報酬点数に応じて算定される。報酬点数は，当該被保険者の保険料算定の基礎となった労働報酬を同じ年の全被保険者の平均労働報酬で割って得られた値を加入期間全体で合計したものである。僅少労働に関して事業主保険料だけが納付された期間については，当該被保険者の保険料算定の基礎となった労働報酬を同じ年の全被保険者の平均労働報酬で割って得られた値に，事業主保険料に係る料率の通常の保険料率に対する割合を乗じることにより算定される。

働を行う者が負担する保険料は，労働報酬の7.5%（19.5% − 12%）となる。なお，この場合の保険料算定の基礎となる労働報酬の最低額は月155ユーロとされた。したがって，実際の労働報酬が月155ユーロよりも少なくても，納付すべき保険料の額は155ユーロに保険料率を乗じて得た額となった。ただし，事業主が負担する保険料は実際の労働報酬の12%であり，残りの保険料は被保険者が負担する（図8-1）。

このようにして納付された保険料は，僅少労働を行う者の将来の年金給付をさらに増加させる効果を持つ。このほかにも，僅少労働を行う者が年金保険への加入義務免除を放棄し，保険料を負担することは，公的助成の対象となる私的年金への加入条件を満たすことにもつながる。これらのことは，特に僅少労働に従事することの多い女性にとっては固有の老齢保障を受けることを可能にするうえで重要な意味を持っている。

(2) 2003年の改正

① 僅少労働に関する改正

1999年の改正は，経済界，特に新聞・広告業，農業，ホテル・レストラン業界からの激しい批判があり，連邦憲法裁判所に訴えてこの改正を阻止しようとする動きさえもみられた[14]。このような批判を招いた背景には，改正法の法案提出から公布までがわずか2ヵ月という短期間で行われたことや広報活動が十分でなかったことなどがあげられる（Knospe, 2007: 11）。主な批判の内容は次のようなものであった（Bundesrgierung, 2003: 3）。この改正は職場を失わせ，経済を危うくするものである。この改正は，僅少労働のコストを不当に高くし，就労を行う者の負担を重くすることにより僅少労働の魅力を失わせる。また，これを実施するために事務費の支出が拡大する。さらに，新たな規定を短期間で実施しなければならないため，企業側には対応するための十分な時間的余裕がない。

---

14) 改正法の施行を停止する仮処分の申請が行われたが，連邦憲法裁判所はこれを認めなかった（Beschluss vom 28. Juli 1999-1 BvQ 5/99-）。

図 8-1　年金保険の被保険者となる場合の保険料負担
① 労働報酬月額が 155 ユーロ以上のとき

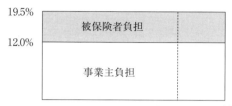

② 労働報酬月額が 155 ユーロ未満のとき

出典：著者作成。

　一方，ラディカルな改革を求める立場からは，パートタイム就労者などの大きな割合を占める女性に独立した社会保障を行うという観点から，この改正は十分ではないとの批判があった。

　こうしたなか，2002 年 8 月，連邦政府により設置されたペーター・ハルツ氏を委員長とする「労働市場における近代的なサービスに関する委員会 (Kommission „Moderne Dienstleistungen am Arbeitsmarkt")」(ハルツ委員会)からドイツ労働市場近代化のための全体構想が提出された。この構想の目的は，失業を持続的に減らすこと，近代的なサービスを提供するために連邦雇用庁 (Bundesanstalt für Arbeit) を改組することな

第 8 章　非正規労働者の増加などへの対応　177

らびにヤミ就労や不法就労を減らすことにあった。そのなかで，個人の家庭で行われる僅少労働（たとえば，個人の家庭に直接雇用される家事援助者，介護者など）の問題が取り上げられた。委員会によれば，個人の家庭での約350万件の就労のうち社会保険への加入義務を伴う就労であるとして届け出がされているのは4万件程度にすぎない（Hartz-Kommission, 2002: 164）。

　ハルツ委員会は，このような就労を違法状態から救い出すための提案を行った。それによれば，個人の家庭で行われる就労に関しては，僅少労働に該当する労働報酬月額の基準が630マルク（325ユーロ）から500ユーロに引き上げられる。労働報酬の10％が医療保険および年金保険の事業主保険料として徴収される。保険料の徴収および届け出の手続きを簡略化するため僅少労働に関する統一的な窓口が設けられる。

　僅少労働に関するハルツ委員会の提言を実施するために提出された法案[15]については，連邦議会が賛成したが，異なる意見を有する連邦参議院が両院協議会の開催を呼びかけた。両院協議会での合意により，法案の修正が行われ，個人の家庭での僅少労働に関する規定が設けられることに加えて，僅少労働に関する既存の規定についても，批判に対応した全面的な見直しが行われた。この修正を経て，「労働市場における近代的なサービスのための第Ⅱ法」[16]が2002年12月に可決成立し，新たな制度が2003年4月から実施された。

　この改正により，僅少労働に関する労働報酬月額の基準は325ユーロから400ユーロに引き上げられた。また，週労働時間における基準（平均15時間）は廃止された。事業主は労働報酬の25％に相当する一括賦課金を負担することとされた。その内訳は，年金保険料が労働報酬の12％，医療保険料が11％，所得税が2％である。副業として行われる僅

---

15) Bundestagsdrucksache 15/26.
16) Zweites Gesetz für moderne Dienstleistungen am Arbeitsmarkt, 23. 12. 2002, BGBl. I S. 4621.

少労働を保険加入義務のある就労とみなす取り扱いについては，僅少労働を行う者と事業主の双方に相当の負担になるとの批判があり，廃止された。

　個人の家庭で行われる僅少労働については，届け出を行い，ヤミ就労を止める誘因を与えるため，次のような仕組みが設けられた。すなわち，個人の家庭で僅少労働を行う者を雇用する者が負担する一括賦課金は，労働報酬の25%ではなく12%に抑えられる。その内訳は，年金保険料が労働報酬の5％，医療保険料が5％，所得税が2％である。また，このような僅少労働を行う者を雇用する者は支払った労働報酬の20%（最高で年510ユーロ）相当額の税額控除が受けられる。

　このほか，事業主のために届け出および保険料納付手続きの簡素化が行われた。これによって，事業主は，すべての僅少労働を行う者に関する届け出を統一的な窓口であるミニジョブ本部(Minijob-Zentral)[17]に提出すれば済むことになった。また，僅少労働に関して事業主が負担する社会保険料等も同じところに納付すればよいことになった。

② 逓増ゾーンの導入

　この改正では，月額400ユーロから800ユーロまでの労働報酬を対象とする逓増ゾーン（Gleitzone）が新たに導入された。被用者であって労働報酬がこのゾーン内にある者については，その就労は僅少労働に該当しないため，社会保険への加入義務がある。このため，被用者にとっては，労働報酬が月額400ユーロ以下の場合には社会保険料の負担がないのに対して，労働報酬が月額400ユーロを少しでも超えれば20%を超える社会保険料負担が発生することになる。このように被用者の社会保

---

[17]　ミニジョブ本部は，年金保険者の一つである「ドイツ年金保険　鉱夫組合・鉄道・海員（Deutsche Rentenversicherung Knappschaft-Bahn-See）」に設置されている。「ミニジョブ（Mini-Job）」という名称は，ハルツ委員会の構想で，僅少労働に対応するものとして用いられた。また，後述する逓増ゾーンに対応する労働には「ミディジョブ（Midi-Job）」という名称が用いられた。

料負担が労働報酬月額 400 ユーロを境に急増することを避けるため、逓増ゾーンが設けられることになった。逓増ゾーン内の労働報酬に関しては、実際の労働報酬ではなく、次の算式に従って算定された労働報酬が社会保険料の算定基礎として用いられる。

保険料算定基礎報酬 = F × 400 + (2 − F) × (AE − 400)
F：僅少労働に対する事業主保険料率等 / 平均社会保険料率
AE：労働報酬月額

2003 年では、僅少労働に対する事業主保険料率等は 25%、平均社会保険料率は 41.7% であるので[18]、労働報酬月額が 650 ユーロである場合には、上記算式に基づき、保険料算定基礎報酬は 589.93 ユーロとなる。

たとえば、年金保険では、保険料額は 115.04 ユーロ（589.93 ユーロ × 19.5%）、保険料のうち、事業主負担分は実際の労働報酬に基づき算定されるので 63.38 ユーロ（650 ユーロ × 19.5% × 1/2）となり、被保険者負担分は保険料額から事業主負担分を差し引いた 51.66 ユーロ（115.04 ユーロ − 63.38 ユーロ）となる。したがって、被保険者負担分は、逓増ゾーンが設けられていない場合に比べて 11.72 ユーロ（63.38 ユーロ − 51.66 ユーロ）だけ少なくなる。

なお、年金保険料に関しては、逓増ゾーンを適用せず、実際の労働報酬を算定基礎とすることも認められている。この場合には、逓増ゾーンを適用する場合よりも将来の年金給付が増加する。

(3) 2006 年の改正

2006 年に制定された 2006 年予算随伴法[19]では、連邦予算による支出

---

18) 内訳は、年金保険料率が 19.5%、失業保険料率が 6.5%、医療保険の平均保険料率が 14.0%、介護保険料率が 1.7% である。
19) Haushaltsbegleitgesetz 2006 vom 29. 6. 2006, BGBl. I S. 1402.

の削減のために年金保険や医療保険に対する連邦補助が削減されることに対応して，年金保険や医療保険の財政負担を軽減するための措置として，個人の家庭以外で行われる僅少労働に関して事業主が負担する年金保険料が労働報酬の12％から15％に，医療保険料が11％から13％にそれぞれ引き上げられた[20]。

(4) 2013年の改正

2012年に制定された「僅少労働分野の改正に関する法律」[21]においては，平均労働報酬額が2003年以降10％以上上昇していることを勘案して，2013年1月に僅少労働の基準となる労働報酬の月額が400ユーロから450ユーロへと引き上げられた。これに伴い，逓増ゾーンの対象となる労働報酬も「月額450ユーロから850ユーロまで」に引き上げられるとともに，社会保険料の算定基礎として用いられる労働報酬の算式も次のように改正された。

保険料算定基礎報酬 = F×450 + {850/(850−450) − 450/(850−450)×F} × (AE−450)
F：僅少労働に対する事業主保険料率等／平均社会保険料率
AE：労働報酬月額

従来，僅少労働を行う者は年金保険への加入義務が原則として免除されており，申請することによりこの免除を放棄することが認められた。しかし，この申請を行う者は，企業で僅少労働を行う者の5％程度，個人の家庭で僅少労働を行う者の7％程度にとどまっていた[22]。この改正では，僅少労働を行う者に対する老後の所得保障を手厚くするために，原則と例外の関係が逆転された。すなわち，僅少労働を行う者に対して

---

[20] Bundestagsdrucksache 16/752, S. 19.
[21] Gesetz zu Änderung im Bereich der geringfügigen Beschäftigung vom 5. 12. 2012, BGBl. I S. 2474.
[22] Bundestagsdrucksache 17/10773, S. 9.

も，2013年からは原則として年金保険への加入義務が課された[23]。被保険者が負担する年金保険料の料率は，年金保険料率（18.7%）から事業主の負担する年金保険料の料率を控除した率となる。企業で僅少労働を行う者および個人の家庭で僅少労働を行う者に関しては，事業主が負担する年金保険料の料率はそれぞれ15%および5%であるので，被保険者本人の負担する保険料の料率はそれぞれ3.7%および13.7%となる。この場合の保険料算定の基礎となる労働報酬の最低額は月175ユーロとされた。ただし，僅少労働を行う者が申請することにより，年金保険への加入義務は免除される。この場合にも，当該僅少労働を行う者の事業主には年金保険に対して事業主保険料を支払う義務がある。

2012年末までに僅少労働を開始し，年金保険への加入義務がなかった者は，引き続き，その状態を継続することができる。ただし，それらの者は2013年以降も加入義務の免除を放棄することができる。

4. 自営業に関する改正

（1） 見かけ上の自営業者

1998年に制定された「社会保険における修正および労働者の権利の保障に関する法律」[24] により，「見かけ上の自営業者」に関する規定が社会保険法において初めて導入された。この規定により，「見かけ上の自営業者」の増加傾向に歯止めをかけることを目的として，社会保険の保険者がより迅速かつ平易に「見かけ上の自営業者」を把握できるよう，判断の基礎となる基準として次の4つの基準が定められた。すなわち，ⅰ）その活動に関して，家族を除き社会保険への加入義務のある被用者を雇

---

[23] 年金保険以外の社会保険については，引き続き加入義務が免除される。
[24] Gesetz zu Korrekturen in der Sozialversicherung und zur Sicherung der Arbeitnehmerrechte vom 19. 12. 1998, BGBl. I S. 3843.

用していないこと，ⅱ）いつも本質的に一人の依頼主のために活動していること，ⅲ）被用者の場合に典型的な労働役務を提供していること，特に依頼主の指示に従い，かつ依頼主の労働組織に組み入れられていること，ⅳ）市場において企業活動に基づく行動（販売・購入価格の決定，資本の投下など）を行っていないことである。このうちの少なくとも2つに該当する場合には「社会保険への加入義務がある就労」であると推定されることになった。この推定に対して反証がない場合には社会保険への加入義務が課される。この場合，仕事の依頼主には，「見かけ上の自営業者」の事業主として保険料を負担する義務が生じる。

しかし，この基準については，あいまいであるために「見かけ上の自営業者」に該当しないとの反証が当事者にとっての大きな負担になるなどの問題があり，すぐに修正が加えられることになったが[25]，結局2003年には廃止された。

現状では，被用者としての就労と自営業との区分については，人的な従属性の程度を中心的な判断根拠とするとの連邦社会裁判所および連邦労働裁判所が従来の判例のなかで発展させてきた考え方に沿って，「指示に基づく活動」と「指示を行う者の労働組織への編入」に基づき判断するものとされている。

（2） 被用者に類似した自営業者

同法により，年金保険においては「被用者に類似した自営業者（arbeitnehmerähnliche Selbständige）」にも加入義務が課された。この改正は，「通常の就労形態」の被用者が「被用者に類似した自営業者」へ転換されることにより，年金保険の被保険者が抜け落ちていくことに歯止めをかけようとするものであった[26]。

「被用者に類似した自営業者」とは，その自営業に関連して，家族を除

---

25) この修正の経緯および内容の詳細ついては，松本（2004: 152）を参照されたい。
26) Bundestagsdrucksache 14/45, S. 20.

き社会保険への加入義務の対象となる被用者を雇用せず，かつ，いつも本質的に一人の依頼主のために活動している者をいう。前述の「見かけ上の自営業者」が被用者であるのに対して，「被用者に類似した自営業者」はあくまでも自営業者である。したがって，被用者に類似した自営業者」には，他の社会保険への加入義務は存在しないが，年金保険においてのみ自営業者としての加入義務が課される。この場合には，年金保険への加入義務がある他の自営業者の場合と同様，年金保険料は本人によって全額負担され，仕事の依頼主には事業主としての保険料負担義務は発生しない。年金保険においては，従来から，自営業者であっても特定の職種の者[27]に対しては，社会的保護の必要性が認められ，加入義務が課されていた。「被用者に類似した自営業者」については，その職種を問わず，既に保険加入義務が課されている自営業者と比べて社会的保護の必要性が一般的に低いというわけではないと判断され，年金保険への加入義務が課されることになったものである[28]。

しかし，この規定に対しては，たとえば，保険加入義務の対象となる被用者を雇用せず，かつ，いつも本質的に二人の依頼主のために活動している者の場合には，「社会的保護の必要性」が低いとされる理由は何かといった多くの疑問と批判が投げかけられている（Axer, 2012: 712）。

5．考察

ドイツの社会保険は，被用者としての就労に着目して加入義務を課し，それによって被用者とその家族を社会的に保護することを主たる目的としている。近年，就労形態には，このような社会保険に問題をもたらす可能性がある二つの大きな変化がみられる。一つは，被用者ではあって

---

27) 自営の教師，助産師，水先案内人，芸術家・著述家，手工業者などがこれに該当する。
28) Bundestagsdrucksache 14/45, S. 20.

も労働報酬が僅かであるために社会保険への加入義務が課されない僅少労働の増加である。もう一つは，社会保険への加入義務が課されない自営業の増加である。

　ドイツでは，このような就労形態の変化がもたらす問題の解決に向けて対応が進められている。まず，僅少労働の増加への対応としては，僅少労働を行う者を雇用する事業主に医療保険および年金保険の保険料負担義務が課された。この事業主保険料の目的は，僅少労働の増加により社会保険の保険料収入が抜け落ちていくことや，事業主が「通常の就労形態」を社会保険料負担のない僅少労働に切り替えることを防ぐことにある。あわせて，僅少労働の限度を超えて就労することが不利にならないように逓増ゾーンが設けられ，僅少労働にとどまろうとする誘因が取り除かれた。

　また，僅少労働を行う者の年金給付を改善するため，僅少労働に係る事業主保険料が将来の年金額の算定に加味されることとされた。僅少労働を行う者が年金保険の適用を放棄しない限りは，被保険者保険料の負担により将来の年金給付はさらに改善される。従来から，年金保険では，加入義務がない者に任意加入が認められているが，その場合には保険料の全額を被保険者が負担しなければならない。これに対して，僅少労働を行う者の場合には，事業主が被保険者よりもはるかに多くの保険料を負担する。このような制度が設けられたことは，これまでは社会的保護の対象とならなかった僅少労働従事者の多くを占める女性の年金の改善に寄与すると期待される。

　加入義務の対象とならない就労の増加が社会保険にもたらす問題は，加入義務が課される就労の基準（労働時間，労働報酬）を引き下げることだけでは解決しない。なぜならば，一定の基準を設けて加入義務の有無を決定する限りは，社会保険の適用を免れるため就労の程度を新たな基準以下にとどめようとする誘因が事業主および労働者の双方に働くと考えられるからである。なお，このことは，被用者を対象とする日本の

厚生年金保険にも当てはまる。したがって，ドイツにおいて，僅少労働の基準を変更するのではなく，社会保険の保険料収入が抜け落ちることを防止すること，基準以下の就労を促進する誘因を除去することおよび基準以下の就労を行う者の将来の年金給付を改善することを目的として，事業主保険料の導入などの取組みが行われたことには重要な意味があるといえる。

次に，自営業の増加への対応については，自営業者と従属的な就労を行う者とを区別する判断基準を定めることや，「被用者に類似した自営業者」を年金保険への加入義務の対象とすることなどが行われている。しかし，こうした対応には，公平性の問題や実施の面での難しさがある。

就労形態の変化により，自営業と従属的な就労との区分は，以前に比べて格段に難しくなっている。その背景には，就労の場としての伝統的な産業や手工業の比重が低下する一方で，情報・通信技術の革新および利用の拡大に伴い伝統的な労働関係からの乖離が起こっていることが挙げられる。つまり，労働者は以前にも増して勤務場所や勤務時間に拘束されず，事業主の組織にも組み込まれないようになってきている。また，自営業者は，以前のように，従属的な就労を行う者に比べて必ずしも経済的に安定した立場にあるともいえなくなってきている。さらに，職業人生において従属的な就労と自営業とを行き来するケースが増えている。

このような変化に対応する根本的な方法としては，ヨーロッパの他の国でみられるように，自らの労働力の投入により生計を立てているすべての自営業者に対して，主として被用者を対象とする社会保険（被用者保険）への加入義務を課すことが考えられる。これにより，こうした社会保険の役割は，従属的な就労であるか，自営業であるかにかかわらず，労働力の投入により生計を立てている者が，それが出来なくなるあるいは制限されることに対して，保障を行うこととなる。

今後，生涯において，被用者としての就労と自営業者としての就労を行き来する人が増加することを想定すると，現状の加入義務の範囲では，

加入期間が中断されるために，老後において十分な年金給付が得られないために貧困に陥る頻度が高まる可能性がある。したがって，これまで年金保険の対象となってこなかった自営業者を対象に含めることは，その者自身の保護につながるだけでなく，そうでなければ，最低限度の生活を保障する社会扶助や基礎保障が負担しなければならなくなる費用が軽減されるという意味で，社会全体の利益にもかなうということができる。このことは，日本においても，被用者を対象とする年金制度（厚生年金保険）への加入義務の範囲を再検討する新たな視点を提示するものである。

第9章
社会保険と最低生活保障

日本においては，非正規労働者の増加，年金保険料の未納，年金給付水準の低下などを背景に，低年金，無年金の高齢者が増加し，今後，高齢の生活保護受給者が増加すると予想されている。ドイツにおいても，高齢者の貧困を防止するために最低限度の生活をいかにして保障するかが重要なテーマとなっている。

　ドイツでは，被用者を対象とした所得比例の年金制度である公的年金保険が高齢者の所得保障において中心的な役割を担っている。また，国民に最低限度の生活を保障するための制度としては，日本の生活保護に相当する社会扶助（Sozialhilfe）が存在する。しかし，2003年には，公的年金保険や社会扶助とは別の独立した制度として，自らの所得および資産では必要な生計が維持できない高齢者などを対象とした基礎保障のための制度が導入された。

　この章では，この基礎保障のための制度を取り上げ，社会保険の一つである公的年金保険と最低生活保障との関係について考察する。

1. 高齢者の所得状況

　最初に，ドイツにおける高齢者の所得の状況をいくつかのデータをもとに確認する。所得の状況には，地域間，男女間で違いがみられるため，必要に応じてそれぞれの状況に着目することとする。

　高齢者は公的年金保険をはじめ様々な高齢者所得保障制度[1]からの給付を受けている。これらの給付には，老齢年金のように自ら保険料を支払ったことにより得られる給付（自己給付〈eigene Leistung〉）のほかに，遺族年金のように他者（たとえば配偶者）が保険料を支払ったことにより得られる給付（派生給付〈abgeleitete Leistung〉）が含まれてい

1）　公的年金保険のほかに，企業年金（Betriebliche Altersversorgung），公務労働者追加保障（Zusatzversorgung im öffentlichen Dienst），官吏恩給（Beamtenversorgung），農業者老齢保障（Alterssicherung der Landwirte）および職能別保障制度（Berufsständische Versorgungssysteme）がある。

表 9-1　高齢者所得保障制度からの給付受給状況（2011 年）

(単位：%)

給付の種類	計	男性	女性
旧西独地域			
公的年金保険の自己給付のみ	39	40	38
公的年金保険の自己給付及び派生給付	11	2	18
公的年金保険の自己給付及び企業年金の自己給付	15	28	5
公的年金保険の自己給付及び公務労働者追加保障の自己給付	8	8	7
高齢者所得保障制度の給付なし	4	2	6
官吏恩給の自己給付のみ	4	7	1
公的年金保険の自己給付及び官吏恩給の自己給付	2	4	0
農業者老齢保障の自己給付のみ	1	2	1
その他	17	7	24
計	100	100	100
旧東独地域			
公的年金保険の自己給付のみ	64	79	54
公的年金保険の自己給付及び派生給付	25	9	37
公的年金保険の自己給付及び企業年金の自己給付	1	3	1
公的年金保険の自己給付及び公務労働者追加保障の自己給付	6	6	6
高齢者所得保障制度の給付なし	1	1	0
官吏恩給の自己給付のみ	0	0	0
公的年金保険の自己給付及び官吏恩給の自己給付	0	1	0
農業者老齢保障の自己給付のみ	0	0	0
その他	2	2	3
計	100	100	100

出典：BMAS（2012a）にもとづき著者作成。

る。

　表 9-1 は，2011 年における 65 歳以上の高齢者（以下単に「高齢者」という）の高齢者所得保障制度からの給付受給状況を示したものである[2]。この表が示すとおり，高齢者所得保障制度からの給付受給状況には，旧西独地域と旧東独地域の間で大きな違いがみられる。旧西独地域においては，公的年金保険の自己給付のみを受給している者の割合が 40% 程度

2）　高齢者の給付受給状況等に関する以下のデータは，BMAS（2012a）による。

（男性 40％，女性 38％）にとどまっている。男性の場合には，公的年金保険の自己給付とあわせて企業年金または公務労働者追加保障[3]の自己給付を受給している者の割合が高い（36％）のに対して，女性の場合には，公的年金保険の自己給付を補完するものとして，企業年金や公務労働者追加保障の自己給付よりも，公的年金保険の派生給付（寡婦年金）の方が重要な役割を演じている。

　一方，旧東独地域においては，公的年金保険の自己給付の比重が旧西独地域よりもはるかに大きくなっている。すなわち，男性の79％，女性の54％は公的年金保険の自己給付のみを受給している。これに対して，企業年金または公務労働者追加保障の自己給付を受給している高齢者の割合はわずかである。

　2011年に高齢者が公的年金保険から受給した自己給付の額は表9-2のとおりとなっている。男性に対する平均給付額については旧西独地域が旧東独地域を若干上回っているが，女性に対する平均給付額については旧東独地域が旧西独地域を相当程度上回っている。これは，社会主義国であった旧東独における女性就労率の高さを反映したものと考えられる。同様のことは自己給付と派生給付の合計額についても当てはまる。両地域において，男性の場合に比べて，女性の場合の方が自己給付に対する派生給付の割合が大きくなっている。

　高齢者所得保障制度からの給付が高齢者のグロス所得に占める割合は，世帯構成により大きく異なっている[4]。ドイツ全体では，この割合は，夫婦の場合には78％（公的年金保険の給付57％およびその他の高齢者所得保障制度の給付21％），男性単身者の場合には84％（62％および

3） 連法省庁，州または地方自治体において公務労働に従事する者であっても，官吏に該当しないものは，官吏恩給の対象とはならず，民間企業労働者と同様に公的年金保険に加入している。これらの者に対しては，民間企業労働者の場合の企業年金に相当する追加的な保障として公務労働者追加保障が設けられている。
4） 高齢者所得保障制度の給付以外の所得には，勤労所得および資産所得に加えて，私的年金給付，移転所得（例：社会扶助，住宅手当）などが含まれる。

表 9-2　高齢者が受給した公的年金保険の給付の平均月額（2011年）

(単位：ユーロ)

	計		男性		女性	
	自己給付	自己給付+派生給付	自己給付	自己給付+派生給付	自己給付	自己給付+派生給付
旧西独地域	865	1008	1,242	1,254	563	821
旧東独地域	979	1,141	1,219	1,250	805	1,062

出典：表9-1と同じ。

22%），女性単身者では89%（72%および17%）となっている。

　以上のように，高齢者所得保障制度からの給付，特に公的年金保険による給付は高齢者の所得保障において中心的な役割を担っているということができる。ただし，その状況には，地域，性別，世帯構造などによる違いがあることに注意する必要がある。

　高齢者のネット所得の分布にも，旧西独地域と旧東独地域との間での違いがみられる（表9-3）。夫婦の場合では，ネット所得が月額3000ユーロ以上の世帯の割合は，旧西独地域では23%，旧東独地域では6%となっている。一方，ネット所得が月額750ユーロ以下の世帯の割合は，旧西独地域では夫婦で2%，単身男性で10%，単身女性で15%であるのに対して，旧東独地域では夫婦で0%，単身男性で10%，単身女性で9%となっている。このように，両地域を比較すると，旧西独地域では，多くの所得を得ている世帯の割合と少しの所得しか得られない世帯の割合がともにより大きくなっている。

　2014年現在で，高齢者の相対的貧困率（Armutsgefährdungsquote)[5]は14.4%となっており，国民全体の貧困率（15.4%）を下回っている[6]。

---

5)　ここでは，等価可処分所得（世帯の可処分所得を世帯員数の平方根で割った値）が全国民の等価可処分所得の中央値の60%に満たない者の割合を貧困率として用いている。

6)　相対的貧困率はStatistisches Bundesamt, Armutsgefährdung (http://www.destatis.de) による。この相対的貧困率は，Mikrozensus（抽出国勢調査）による

表 9-3 高齢者世帯のネット所得月額の分布（2011 年）

所得階層 （単位：ユーロ）	夫婦 （単位：%）	単身男性 （単位：%）	単身女性 （単位：%）
旧西独地域			
750 以下	2	10	15
750-1,000	3	13	21
1,000-1,250	6	16	20
1,250-1,500	9	18	15
1,500-1,750	11	14	10
1,750-2,000	13	9	7
2,000-3,000	33	13	10
3,000-4,000	13	4	1
4,000 超	10	3	1
旧東独地域			
750 以下	0	10	9
750-1,000	1	18	19
1,000-1,250	4	23	26
1,250-1,500	12	22	27
1,500-1,750	19	14	12
1,750-2,000	20	7	4
2,000-3,000	37	4	2
3,000-4,000	4	1	0
4,000 超	2	1	―

出典：表 9-1 と同じ。

また，高齢者の貧困率は，失業者の貧困率（57.6％）に比べてはるかに低い水準となっている。2008 年と比較すると，高齢者の貧困率は 12.0％から 2.4 パーセントポイント上昇している。ただし，この期間の貧困率の上昇は，高齢者についてだけみられるわけではなく，国民全体の貧困率も 2008 年の 14.4 から 1.0 パーセントポイント上昇している。

年金給付などでは生計維持のための基礎的な需要を満たすことができないために基礎保障の給付を受給する高齢者の数は 2005 年末の約 34 万人から 2015 年 3 月には約 51 万人に増加した。これに伴い，65 歳以上の

所得データを用いて計算されている。

人口に占める基礎保障受給者の割合も上昇しているが，2015年末においても2.9%程度と比較的低い水準にとどまっている (Statistisches Bundesamt, 2015: 3)。このため，現在のところ高齢者所得保障制度は高齢者の貧困を防止する観点からうまく機能しているとの見方がある。しかし，一方では，高齢者の貧困率が前述のような水準（14.4%）となっていることから，そのように結論づけることに慎重な考え方もある (Becker, 2013: 126)。

2. 問題点

公的年金保険の使命は，人々が高齢になり，稼得能力が減少した場合に必要な所得を保障することにある。前述のとおり，公的年金保険の給付は現実にも高齢者の所得保障にとって重要な役割を演じている。

今日の公的年金保険の基本的な枠組みは1957年年金改革法により築かれたものである。それ以前は，1889年に創設された公的年金保険の制度に基づき，個々の受給者が受けられる年金給付は賃金比例部分と国庫補助に基づく一律の基礎部分とから構成されていた。このような仕組みは1957年年金改革法により根本的に変更され，従来の制度にみられた年金給付の基礎部分のような最低保障的な要素は取り除かれ，「賃金・保険料に比例した年金給付」という考え方に基づく制度への転換が図られた。これにより，年金保険の目的は，最低生活の保障ではなく，被保険者が送ってきた現役時代の生活に応じた生活水準を老後においても保障することとなった。一般的な年金給付の水準は，生存のために必要な最低限度の水準を大きく上回るものとなり，最低限の生活の保障は社会扶助の役割とされた（松本，2004: 35）。これに対し，第二次世界大戦後に成立した社会主義国家である東独においては，国家統制計画経済体制の下で独自の年金制度が存在した。

1990年の東西ドイツの再統一に伴う年金保険の統合に際しては，西独年金法（社会法典第6編）の適用を旧東独地域にも拡大することにより

年金制度の統一が図られた。その際には，旧東独年金に存在した最低保障的な要素をどのように取り扱うかが大きな焦点となった。旧東独年金法では，老齢年金額は勤務年数に応じた定額と過去20年間の平均報酬に応じた割増額から構成され，しかも年金額の最低限度額が設けられていた。結果的には，年金受給者に配慮した一定の経過措置を設けつつも，制度としては最低保障的な要素を受け入れず，西独年金法が立脚する「賃金・保険料に比例した年金給付」の考え方が維持された（松本，2004：52）。

　公的年金保険による給付の水準は，45年間平均的な労働報酬を得て就労した者を標準として，それらの者が老後においても社会扶助を受けることなしに自らの年金により適切な水準の所得を確保できるように定められている。このため，被保険者は，その就労した期間が45年よりも短い場合やその間に得ていた労働報酬が平均よりも低い場合には，標準的な年金額を大幅に下回る年金しか受給できなくなる可能性がある[7]。

　高齢者が公的年金保険から受給することができる年金給付の額は，労働市場の状況，雇用関係，就労状況，生活スタイルといった年金制度にとって外的な要因による影響を受ける。失業期間の長期化や，サービス産業部門等でみられるような非継続的，非典型的な就労（パートタイム就労，期限付き就労，派遣労働，僅少労働，低賃金労働，見かけ上の自営業など）の増加は，個々の者の保険料納付期間や納付額を減少させ，受給できる年金給付の額を減少させることになる。

　それとあわせて，年金給付の受給要件や給付水準といった年金制度とって内的な要因も将来の年金給付に影響を与えることになる。ドイツにおいても，1992年年金改革法以降，人口構成の変化などに対応した年金制度改革が実施されており，そのなかで年金給付水準の引き下げや支給開始年齢の引き上げなどが行われている。

　試算によると，2013年において後述の基礎保障に相当する水準の年金

7）　たとえば，平均賃金の75％に相当する賃金を得て30年間就労し保険料を支払った者が受け取ることのできる老齢年金の額は標準的な年金額の2分の1となる。

給付を受けるためには，平均的な労働報酬を得て就労している者の場合は29～32年，平均の7割程度の労働報酬しかない者の場合は41～46年の保険料納付期間が必要となっている。さらに，将来の年金水準が5％だけ引き下げられたとすると，必要な保険料納付期間はそれぞれ30～34年および43～48年に延びることになる（Becker 2013: 134）。このため，将来においては基礎保障と同程度またはそれを下回る程度の年金しか受給できない高齢者が増加すると予想される。前述のとおり，高齢者には年金給付以外の収入もあることから，それらの高齢者のすべてが基礎保障を必要とするわけではない。しかし，こうした年金給付水準の低下を考慮すると，将来的には高齢者の貧困が増加する恐れがある。

　現役時代の就労期間が短く，あるいは，賃金額が低いために，受給できる年金額が少なく，自らの収入では老後の生計を維持することが困難な者への対応は，ドイツでは，年金保険ではなく，最低限度の生活を保障するための制度である社会扶助の役割と考えられてきた。しかし，社会扶助を受給することはこの問題を解決するための適切な方法とは必ずしもいえなくなってきている。

　その理由の一つは，社会扶助は，本来，個別のケースにおける一時的に困難な状況に対応するための最終的な手段として位置づけられていることである。しかし，現実には，勤労生活から引退した高齢者が一時的に社会扶助を受け，再び職業に就くことにより，経済的に困難な状況を克服することができるとは考えにくい。もう一つの理由は，社会扶助を受ける権利があるすべての者が必ずしも社会扶助を受給しているわけではないことである。特に高齢者の場合には，社会扶助を受けるとなれば子などによる扶養が求められることを恐れて社会扶助の申請を行わない者が存在している[8]。また，高齢者には，社会扶助の受給要件に関する情報や知識が不足していること，社会扶助を受けるために担当の役所に行

8）　Bundestagsdrucksache 14/4595, S. 38.

くことや所得・資産が調査されることへの不安があることなども影響していると考えられる。

3. 基礎保障の導入

このような問題への対応については，長年にわたり議論が行われてきた。そのなかでは，年金保険における解決策のほかに，年金保険以外での解決策が提案された。年金保険における解決策としては，一定の金額に満たない低額の年金給付に，税を財源とする付加金を加算して支給することが提案された[9]。この案によれば，年金保険において最低限度の水準に満たない額の年金給付に対してかさ上げが行われることになるため，年金受給者は，年金保険者に申請するだけで，年金給付とあわせて最低保障のための付加金を受給することができる。また，個々の受給者に対して支給される年金額を承知している年金保険者が最低保障の実施主体になることにより，最低保障の対象となりうる者が容易に把握され，それらの者に対して最低保障を受けるために必要な相談・情報提供が効果的に行われることになると期待される。

しかしながら，低額の年金給付とあわせて，それを一定金額まで上乗せするための付加金が支給される制度では，付加金の財源が租税であると言っても，本来の年金給付と付加金との区分が不明確なものとなり，両給付の間の混同が起こる恐れがある。これによって，「賃金・保険料に比例した年金給付」の考え方があいまいになることが懸念される。保険料が納付された実績が少なくても一定金額の年金給付が保障されるのであれば，被保険者が将来において年金給付を得るために保険料を納付しようとする意欲を低下させる恐れがある。そうなれば，年金保険料を負

---

[9] 代表的なものとしては，1993年に同盟90・緑の党から連邦議会に提出された「高齢期の基礎保障の導入に関する法律案（Entwurf eines Gesetzes zur Einführung einer Grundsicherung im Alter）」（Bundestagsdrucksache 12/5285）があげられる。

担せずに済むように社会保険法上の届け出をしないヤミ労働に従事することや，あるいは職業生活から早期に引退することへの誘因が働くと考えられる。

このため，ドイツでは公的年金保険の枠外での解決策が講じられた。すなわち，2001年の年金改革により，公的年金保険の年金水準を長期的に引き下げることなどとあわせて，「高齢期および稼得能力減少の場合の需要に応じた基礎保障に関する法律」[10]（以下「基礎保障法」という）が制定され，「高齢期および稼得能力減少の場合の基礎保障」（以下「基礎保障」という）が年金保険とは独立した新たな制度として2003年から実施されることになった。連邦政府から提出された当初の法案[11]では，基礎保障は連邦社会扶助法[12]に規定されることになっていた。しかし，法案審議の過程における州からの要請に応じて，最終的には基礎保障のために連邦社会扶助法に優先する新たな独立した給付法として基礎保障法が制定された。州がこのような要請を行った理由は，子および親による扶養を考慮しないことなど社会扶助の基本原則に沿わない点を含んでいる基礎保障を連邦社会扶助法に取り込むことは問題を引き起こす可能性があると考えられたことにある。

しかしながら，基礎保障は，その後，従来の連邦社会扶助法にかわって社会法典に社会扶助について規定する第12編が設けられる際の法案審議の過程において，同編に基づく制度として位置づけられた。この結果，2005年からは高齢期において必要な生活費を確保し，高齢者が貧困に陥ることを防止することは，いずれも社会法典第12編に規定される社会扶助および基礎保障の役割となった。基礎保障の給付とあわせて社会扶助の給付を受けなければならない者がいることや，郡・市が基礎保障

---

10) Gesetz über eine bedarfsorientierte Grundsicherung im Alter und bei Erwerbsminderung (Artikel 12 des Gesetzes vom 26. 6. 2001, BGBl. I S. 1310).
11) Bundestagsdrucksache 14/4595.
12) Bundessozialhilfegesetz in der Fassung der Bekanntmachung vom 23. 3. 1994, BGBl. I S. 646.

の実施主体であると同時に社会扶助の実施主体であることを考慮すると[13]，この改正は肯定的に受け止められる。しかし，この結果，社会扶助の基本的な考え方からすると異質な給付が社会扶助について定める法律のなかに取り込まれることになった。

　基礎保障は，高齢者および継続的に稼得能力が減少した状態にある者（以下「高齢者等」という）に対して生計維持のための基礎的な需要を満たすのに必要な給付を行うことを目的としている。基礎保障の対象になるのは，ドイツ国内に居住する65歳以上の高齢者[14]または18歳以上で継続的に稼得能力が減少した状態にある者である[15]。これらの者は，自分の所得・資産で生計維持のための基礎的な需要が満たせない場合に基礎保障を受けることができる[16]。同居の配偶者・パートナーの所得および資産はあわせて考慮されるが，申請者が子および親に対して有する扶養請求権は，当該子および親の年間総所得が10万ユーロを超えない限り考慮されない[17]。このように所得が一定額を超えない限り子や親に対する扶養を求めない仕組みとすることにより，子や親に扶養が求められることを恐れて基礎保障の申請を諦めることがないように配慮されている。基礎保障が対象とする需要には，食費，衣服費などの生活費（生計扶助の扶助基準額〈Regelsatz〉[18]に相当する額），居住および暖房費，医療保険料および介護保険料，重度障害者等の場合の追加需要（扶助基準

---

13) 社会扶助の担当部署とは別に基礎保障の担当部署を設けていた郡・市も，この改正に伴い基礎保障の担当部署を廃止した。
14) 1947年以降に生まれた者については，基礎保障の対象となる年齢が段階的に引き上げられる。1964年以降に生まれた者については，67歳以上が基礎保障の対象となる。
15) これらの者が老齢年金や「稼得能力の減少を理由とする年金」を受給していることは，基礎保障を受けるための要件となっていない。
16) ただし，その者の需要が過去10年間における故意または重大な過失によりもたらされた場合などは基礎保障を受けることができない。
17) 年間総所得が10万ユーロを超えない子または親から実際に扶養が行われている場合にも，そのことは需要の審査において考慮されない。
18) 生計扶助の扶助基準額は2016年現在で単身者の場合には，月404ユーロとされている。

額の一定割合に相当する額）などが含まれる。基礎保障の給付は生計扶助に優先して行われる。

　基礎保障は本人の申請に基づき行われる。基礎保障の実施機関は，基本的に社会扶助の「地域的な実施機関（örtliche Träger）」である郡および郡に属さない市である。ただし，基礎保障の実施機関だけでなく，年金保険者も年金受給権者に対して基礎保障の給付受給要件や手続きに関する情報提供および相談・助言を行うものとされている。

　連邦は，州を通じて，郡および郡に属さない市が基礎保障のために支出する費用に対する補填を行っている。この連邦による費用補填については拡充が図られてきており，2014年以降は基礎保障として行われる現金給付のためのネット支出の100％が補填されている。

4.　考察

　社会保険のひとつである公的年金保険は，個々の受給者の個別具体的な援助の必要性にかかわりなく，「老齢」，「稼得能力の減少」などの典型的なリスクの発生に対して給付を行う。公的年金保険において，被保険者は，将来のリスクに備えて保険料を納付し，保険料納付という「事前の貢献」の程度に応じた給付を受ける。一方，社会扶助は，租税を財源として，したがって，保険料納付による「事前の貢献」とはかかわりなく，援助を必要とするすべての者に対して社会的・文化的な最低限度の生活を保障する。社会扶助の給付は，あくまでも個々のケースにおける個別の必要性に応じて行われる。

　「事前の貢献」の程度に応じた給付が行われる公的年金保険においては，保険料の納付期間が短い者や保険料の納付額が少ない者が老後に受け取ることのできる給付は，それによって生計維持のための基礎的な需要を満たすことが困難な水準にとどまる可能性がある。従来，このようなケースへの対応は，社会保険である公的年金保険ではなく，社会扶助

の役割と考えられてきた。

　しかしながら，現実には両者の役割分担に応じた対応が適切に機能していない。つまり，公的年金保険の給付などでは生計の維持が困難であるにもかかわらず，実際には社会扶助の給付も受給していない高齢者が存在する。しかも，将来にわたって年金給付の水準が引き下げられることに伴い，このような者は今後ますます増加することが予想される。

　したがって，高齢者に対して，生計を維持するために必要な所得をどのようにして保障するのかは，社会保険の一つである公的年金保険と公的扶助という基本原理の異なる両者の関係をいかに考えるかという社会保障の基本構造にかかわる問題を含んでいる。

　このような問題を解決する方法の一つは，高齢者の所得保障に中心的な役割を果たしている公的年金保険の中に最低額を保障する給付を設けることである。もう一つの方法は，ドイツの基礎保障のように，社会扶助の中に，あるいは社会扶助とは独立した制度として，補足性の原理の適用が通常の社会扶助よりも緩和された給付を設けることである。

　前者の場合には，年金受給者は年金保険者に申請することにより，年金給付とあわせて最低額を保障する給付を受けることができる。したがって，この給付を受けるために社会扶助の担当部署に出向くことや所得・資産に関する調査を受けることを必要としない。このことは，本来は最低保障を受けられる者が申請への抵抗感や情報不足のために保障を受けずに貧困に陥ることを防ぐうえで重要な意味を持っている。一方で，高齢者の所得は，公的年金保険の給付だけでなく，それ以外の高齢者所得保障制度からの給付，その他の所得によっても構成されていることから，公的年金保険による給付の額だけで援助の必要性を判断することが適切かつ公平かという問題がある。このような制度は，受給している年金給付は低額ではあるが，それ以外に収入があるために高い生活水準を維持しており生活に対する援助の必要がない者に対しても援助を行うことになってしまう恐れがある。また，ドイツのように「賃金・保険料に

第9章　社会保険と最低生活保障　203

比例した年金給付」の考え方を重視した公的年金保険に最低額を保障する仕組みを持ち込むことにより，賃金・保険料と年金給付との関係があいまいとなることによる問題が生じる恐れがある。

　これに対して，後者の場合には，対象者の所得や資産の状況を勘案し，個々の援助の必要性に応じた給付を行うことが可能となる。一方で，給付を受けようとする者は，年金保険者への申請とは別に，社会扶助またはこの給付の実施機関に対して申請を行い，所得や資産に関する調査を受けなければならない。実施機関は，年金給付が低額にとどまっている者に関する情報を持ち合わせているわけではない。このため，子による扶養を求めないこととする配慮が行われたとしても，本来はこの給付を受けられる者が申請を行わないケースが出てくる恐れがある。また，社会扶助の給付を受ける場合には補足性の原理が適用されるのに，この給付の場合にのみ補足性の原理の例外が認められ，扶養義務の履行が求められないことが問題となる。これによって，社会扶助において補足性原理の例外が適用され家族の扶養義務が求められない範囲が広がっていく恐れがある。

　以上のように，所得比例の年金保険と社会扶助（生活保護）が存在することを前提に，年金水準が引き下げられていくなかで高齢者に対して基礎的な需要を満たすことができる所得を適切に保障するための対応策については，年金保険の内部での対応を行う場合，年金保険の外部での対応を行う場合のいずれにおいても，長所と同時に短所が考えられる。ドイツの場合には，援助の必要性についての判断の適切性・公平性と「賃金・保険料に応じた年金給付」の考え方を重視した政策決定が行われた。いずれの対応の方向性を採用するかは，それぞれの国において，高齢者の所得保障において公的年金保険が果たすべき役割や，保険料納付という事前の貢献に応じた年金給付の考え方や社会扶助における補足性の原理という両制度の基本原理との関連において議論されるべき課題であると考えられる。

第10章
国際的な経済連携による影響

人口の減少，製造業の海外移転の増加などの日本における経済・雇用情勢の変化，アジア市場の拡大などの日本を取り巻く国際環境の変化に対応して，世界の主要な貿易相手である国や地域との間で高いレベルでの経済連携を推進することが重要な政策課題とされている。また，この場合の経済連携の推進には，物やサービスの貿易を自由化することにとどまらず，経済関係を強化するために，投資の自由化，規制の緩和，制度の調和など幅広い分野の取り組みが含まれている。

　このような経済連携を推進するための協定の一つである「環太平洋パートナーシップ（TPP）協定」に関する交渉への参加に際しては，「公的な医療保険を受けられる範囲が縮小されてしまうのではないか」との指摘が行われた。しかしながら，国際的な経済連携を推進することが国内制度である公的医療保険のあり方に影響を及ぼすのか，また，及ぼすとした場合にはどのような影響が考えられるのかは必ずしも明らかではない。

　この章では，物，人，サービス，資本が自由に移動する内部に境界のない域内市場の実現を目的として EU（欧州連合）が進めている取り組みと加盟国であるドイツの公的医療保険との関係をもとに，国際的な経済連携の推進が社会保険に及ぼす影響について考察する。

1. 保健医療政策に関する権限

　EU の具体的分野における活動や組織の具体的な機能などについて定める欧州連合運営条約（Vertrag über die Arbeitsweise der Europäischen Union）第 168 条は，保健医療を EU の政策分野の一つとして位置づけている。しかし，EU 自体の権限は，疾病予防等に関する加盟国間での協力を促進することなどに限定され，保健医療政策の決定ならびに保健医療組織および医療供給については，第一義的に各加盟国が責任を負うものとされている。つまり，保健医療政策の中心的な主体はあく

までも各加盟国であり，EU は加盟国の政策を補足し，加盟国間の協力を促進する役割を担っている。

EU が規則，指令等を定める権限を有するのは，欧州連合運営条約において加盟国がその権限を EU に対して明示的に委ねている場合に限られる。欧州連合運営条約においては，各加盟国の法制度を統一するような一般的な権限が EU に認められているわけではない。したがって，ある政策分野において EU 規則などによるハーモナイゼーション（各国の制度を統一的な目的および基準に合致させること）が可能となるのは，欧州連合運営条約がそのことを明示的に認めている場合に限られる。

今日みられる各加盟国の社会保障制度は，長年にわたり独自の発展を遂げてきた結果であり，極めて多様なものとなっている。社会保険を含む社会保障制度は EU によるハーモナイゼーションの対象となる分野ではなく，基本的に，各加盟国はそれぞれの国の制度を自由に構築することができる。いまのところ，加盟国により異なる構造となっている社会保障制度について EU としてのハーモナイゼーションを行うべきであるとの政治的な合意は存在しない（Becker, 2006: 13）。また，近い将来において，EU によるハーモナイゼーションが行われることにより，たとえばドイツの公的医療保険制度に大きな変化が生じるとも考えがたい（Schlegel, 2007: 701）。

しかし，これらことは，EU が定める規則等や欧州連合司法裁判所（Gerichtshof der Europäischen Union）の判決が各加盟国の国内制度として定められている社会保障制度に何らの影響も及ぼさないことを意味しているわけではない。現に，労働者の自由移動を保障することを目的として EU 規則に基づき行われている社会保障制度に関する各加盟国間での調整は，各加盟国の社会保障に様々な影響を及ぼしている。これに加えて，域内市場における競争を促進するための手段として設けられている諸制度も，近年，各加盟国の社会保障制度に影響を及ぼす要因として注目されるようになってきている。

2. 基本的自由と公的医療保険

(1) 労働者の自由移動

① 社会保障制度の調整に関する EU 規則

　欧州連合運営条約第45条はEU域内における労働者の自由移動を保障している。しかし，他の加盟国で就労することにより，労働者またはその家族が社会保障の給付を受けられないなどの不利益を被る恐れがある場合には，労働者は他の加盟国に移動しようとしなくなる。したがって，労働者の自由移動を確保するためには，加盟国間を移動する労働者の社会保障に関する調整が必要となる。その目的は，各加盟国間で異なる社会保障制度のハーモナイゼーションを行うことではなく，あくまでも異なる社会保障制度が存在することを前提として，他の加盟国に移動する者が社会保障に関して不利にならないように調整を行うことにある。

　この調整の具体的な内容や実施方法は，EU規則である「社会保障制度の調整に関する規則（規則第883/2004号）」[1] および「社会保障制度の調整に関する規則の実施方法の定めに関する規則（規則第987/2009号）」[2] において定められている。規則第883/2004号第17条以下においては，どのようなケースでどのような条件を満たせば，ある加盟国で就労する者およびその家族が他の加盟国で医療給付を受けることができるのか，いずれの加盟国の給付主体が給付を行うことになるのかなどについて定められている。

1） Verordnung (EG) Nr. 883/2004 des Europäischen Parlaments und des Rates zur Koordinierung der Systeme der sozialen Sicherheit, Amtsblatt (ABl.) L 166 vom 30. 4. 2004, S 1.

2） Verordnung (EG) Nr. 987/2009 des Europäischen Parlaments und des Rates zur Festlegung der Modalitäten für die Durchführung der Verordnung (EG) Nr. 883/2004 über die Koordinierung der Systeme der sozialen Sicherheit, ABl. L 284 vom 30. 10. 2009, S 1.

⟨a⟩　他の加盟国で居住している場合

　就労している加盟国とは別の加盟国で居住している者に対しては，原則として，就労する加盟国の法令が適用される（就労地法原則）。したがって，このような者には，「管轄の給付主体が所在する加盟国（管轄加盟国）」の医療給付制度が適用される[3]。

　しかし，このような者およびその家族が病気になるのは，通常，居住する加盟国（居住加盟国）においてであり，居住地の近くで医療を受けることが必要となる。このような者および家族は，規則第883/2004号に基づき，居住加盟国の医療給付制度の対象者であるとすれば受けることのできる現物給付（外来・入院医療，薬剤など）を居住加盟国の給付主体から受けることができる。ただし，この場合に現物給付を行った給付主体は管轄加盟国の管轄の給付主体から現物給付に要した費用の償還を受けることができる。

　管轄加盟国とは異なる加盟国で居住する者およびその家族であっても，管轄加盟国に滞在する期間においては，それらの者が管轄加盟国に居住しているのと同様に，管轄加盟国の法に従い管轄の給付主体からその費用負担による現物給付を受けることができる。つまり，このような者および家族は，病気になった場合に必要な現物給付を居住加盟国で受けるか，管轄加盟国で受けるかを選択することが認められている。

　一方，傷病手当金などの現金給付は管轄加盟国の管轄の給付主体から支給される。このように，現物給付と現金給付の場合では取り扱いが大きく異なっている。

⟨b⟩　他の加盟国に一時的に滞在する場合

　給付受給権者およびその家族は，管轄加盟国以外の加盟国に旅行など

---

[3] たとえば，フランスに居住しながらドイツで就労する者は，ドイツ医療保険について規定する法律である社会法典第5編の適用を受ける。このような者の「管轄の給付主体」は，その者が加入するドイツ医療保険の保険者（疾病金庫）となる。

で一時的に滞在している間に急に病気になった場合などにも，管轄加盟国とは異なる加盟国で居住する者およびその家族の場合と同様に，滞在している加盟国で現物給付を受けることができる。ただし，この場合に受けることができるのは，給付の種類や滞在期間を勘案して，滞在中に行うことが医学的に必要な給付に限られる。

〈c〉 治療を目的として他の加盟国に行く場合
　このほか，給付受給権者およびその家族が治療を受けることを目的として他の加盟国に行くケースが考えられる。このような場合には，管轄の給付主体の事前承認を得ることが必要とされている。この事前承認を受けることができれば，滞在加盟国の法令に従って現物給付が行われ，当該現物給付に要する費用は管轄の給付主体により負担される。事前承認は，当該治療がその者の居住加盟国の法令に規定されている給付の範囲に含まれ，かつ，居住加盟国ではその者の健康状態や予想される病状の推移に照らして適切な期間内に実施されない場合に行われる。

② 国内法との関係
　ドイツの公的医療保険について定める社会法典第5編によれば，公的医療保険の被保険者は現物給付として給付を受給する（第2条第2項）。また，被保険者が外国に滞在する間は，それが一時的な滞在中に病気になった場合も含め，公的医療保険の給付を受けることができない（第16条第1項第1号）。つまり，公的医療保険の給付は現物給付として国内で行われることが基本原則となっている。
　しかし，外国が他のEU加盟国である場合には，これとは異なる取り扱いが行われる。EU法は国内法に優先する。また，EU規則は，一般的な効力を有しており，すべての加盟国において拘束力を有し，かつ，直接的に適用される。EU規則は，その制定により自動的に各加盟国の国内法制度の一部となり，実施のためのいかなる国内立法も必要としない

（庄司, 2013: 252)。このため，ドイツの公的医療保険の被保険者および家族被保険者は，上記社会法典第5編の規定にかかわらず，規則第883/2004号の規定に基づき，他の加盟国で居住している場合には居住加盟国の給付主体から，他の加盟国での一時的な滞在中に病気になった場合には滞在加盟国の給付主体から，加入する疾病金庫の事前承認を得て治療目的で他の加盟国に行く場合には，当該他の加盟国の給付主体から現物給付を受けることができる。

(2) 物およびサービスの自由移動

① 欧州連合司法裁判所の判決

加盟国の国境を越えて医療給付を受ける権利は，欧州連合運営条約の定める物とサービスの自由移動に関して1998年に欧州連合司法裁判所から出された二つの判決により大幅に拡大された。その一つは，Decker訴訟の判決[4]である。この訴訟の原告はルクセンブルクの国民で，公的医療保険の被保険者である。原告は，加入しているルクセンブルクの疾病金庫に，ルクセンブルクの眼科医による処方箋をもとにベルギーで購入したメガネの費用償還を求めた。しかし，疾病金庫は，原告が疾病金庫による事前の承認なしに外国でメガネを購入したことを理由に費用償還を拒否した。

もう一つは，Kohll訴訟の判決[5]である。この原告も，ルクセンブルクの国民で，公的医療保険の被保険者である。原告は，娘にドイツの歯科医師による治療を受けさせることについて疾病金庫の事前承認を申請した。しかし，この申請は疾病金庫により認められなかった。その理由は，その治療が急を要するものではなく，かつ，ルクセンブルクにおいても実施可能なものであるためである。

---

4) Gerichtshof der Europäischen Union (EuGH), Rechtssache (Rs.) C-120/95, (Decker), Sammlung (Slg.) 1998, I-1831.
5) EuGH, Rs. C-158/96, (Kohll), Slg. 1998, I-1931.

いずれの場合にも，疾病金庫の決定はルクセンブルクの医療保険法に沿ったものであった。同法によれば，外国での治療は，外国滞在中に必要となった緊急の治療の必要性に対応したものに限り認められる。これに対して，両原告の主張は，この規定は物の自由移動ないしはサービスの自由移動に対する正当化されない障害に該当するというものである。
　これに関して，欧州連合司法裁判所は次のような判断を示した。どのような社会保障制度を構築するかは基本的に各加盟国の権限に属している。しかしながら，各加盟国は社会保障制度を構築するに当たって EU 法を考慮に入れなければならない。社会保障に関するものであることだけで，EU 法が定める基本的自由の適用が排除されるわけではない。つまり，各加盟国の保健医療制度は EU 法が適用されない領域ではない。他の加盟国で行われた医療給付の費用償還に関して事前承認を必要条件とすることは基本的自由（前者の判決では物の自由移動，後者の判決ではサービスの自由移動）に抵触する。なぜならば，同じ給付を国内で受ける場合には事前承認が必要ないにもかかわらず，他の加盟国で受ける場合には事前承認を必要とすることは，他の加盟国の医療サービスへのアクセスを難しくする効果を持っている。また，他の加盟国で受けた給付の費用は管轄加盟国の料金表により償還されるので，事前承認なしに他の加盟国で給付が受けられるとしても，これによって国内の社会保障制度の財政バランスに相当の影響を及ぼすことが懸念されるというわけではない。
　この二つの判決に関しては，次の二点が重要である。一つは，多くの加盟国に支持されていた医療に対する基本的自由の適用除外が欧州連合司法裁判所によって否定されたことである（Becker, 2009: 52）。すなわち，同裁判所は，保健医療サービスをその特殊性にかかわりなく経済的な活動にかかわる事柄であるとした。もう一つは，公的医療保険が負担しなければならない費用をコントロールするための事前承認の必要性が同裁判所によって認められなかったことである。

その後も，多くの訴訟を通じて欧州連合司法裁判所の判例が積み重ねられた。この結果，入院医療を除き[6]，患者が治療を目的として他の加盟国に行く場合には，次のいずれかの方法により給付を受けることが可能となった。一つは，前述の「社会保障制度の調整に関する規則（規則第883/2004号）」の規定に基づき，保険者の事前承認を得て，現物給付として当該治療を受けることである。もう一つは，欧州連合運営条約が規定する「サービスの自由移動」を根拠に，保険者の事前承認を得ることなしに当該治療に要する費用の償還を受けることである。

② サービスに関する EU 指令

　サービスの自由移動は欧州連合運営条約の定める基本的自由のひとつである。サービスの自由移動が適用されるケースには，他の加盟国でサービスを提供する能動的（activ）な自由移動および他の加盟でサービスを受ける受動的（passiv）な自由移動が含まれる（Herdegen, 2013: 320）[7]。

　サービスの自由移動に関する欧州連合運営条約第56条の規定は加盟国に直接適用可能なものである。しかし，実際には，この条約の規定だけでは加盟国に残されているサービスの自由移動に関する制限を撤廃することは困難であると考えられる。なぜならば，数多くの制限を除去するためには，裁判手続きによる個々の案件ごとの処理ではなく，国内規定間の調整および加盟国間の行政協力が必要であるからである（Schulte, 2010: 130）。

　このような状況を背景に，サービスの自由移動などのための法的枠組

---

[6]　欧州連合司法裁判所は，他の加盟国での入院医療については，EU法に抵触することなく，事前承認を認めることが可能であるとの判断を示している（松本, 2013: 22）。同裁判所は，各加盟国にはすべての地域をカバーする医療供給体制を整備する義務があり，入院医療の供給を計画し，コントロールすることを可能にするために他の加盟国で入院医療を受けることについて事前承認を求めることが許されるとしている。

[7]　このほかにも，サービスの自由移動の適用対象としては放送サービスのようにサービスだけが国境を越える場合がある。

みを整備することを目的として，2006年に「域内市場におけるサービスに関する指令」8)が制定された9)。しかし，加盟国側から次のような理由による反対があったため，保健医療サービスはこの指令の適用対象外とされた。サービス事業者が他の加盟国でのサービス提供を行う場合に，事業者の所在する加盟国の担当行政機関がその事業者の監督を行うためには，その事業者がサービスを提供する加盟国の担当行政機関との協力が必要である。しかしながら，そのような協力を行うための前提条件が整備されていない（Schulte, 2009: 18）。

　保健医療サービスに関しては，欧州委員会から2008年7月に改めて「国境を越える保健医療サービスにおける患者の権利の行使に関する指令案」10) が提案された。この提案は一部修正のうえ，2011年に可決され，施行された。各加盟国は，2013年10月25日までにこの指令の内容に沿って国内法を整備しなければならないこととされた。

　これにより，治療のために他の加盟国に行く患者は，裁判所に訴えなくても次のような取り扱いが受けられるようになった。給付受給権者が他の加盟国で治療（入院による治療を除く）を受けることにより発生する費用については，その治療が管轄加盟国の給付の範囲内のものである限りは，管轄加盟国の給付主体によりその費用が償還される。この場合に，管轄加盟国の給付主体による事前承認は必要とされない。ただし，償還される費用の額については，管轄加盟国においてその治療を受けたならば負担される額が限度とされる。

---

8) 　Richtlinie über Dienstleistungen im Binnenmarkt, RL 2006/123/EG, ABl. L 376 vom 27. 12. 2006, S. 36.
9) 　この指令は，リスボン戦略（Lissabon-Strategie）の一部をなすものであり，効果的な域内市場の実現を妨げる法的制限を撤廃することにより，相当の経済的効果をもたらすと期待された（Streinz, Leible, 2008: 40）。
10) 　Vorschlag für eine Richtlinie des Europäischen Parlaments und des Rates über die Ausübung der Patientenrechte in der grenzüberschreitenden Gesundheitsversorgung, KOM（2008）414 endgültig.

③ 国内法への影響

前述のとおり，ドイツの公的医療保険の給付は現物給付として国内で行われることが基本原則となっている。治療のためにEU加盟国[11]以外の外国に行く場合は，一般的に認められた医学的知見に相当する治療が外国でのみ可能であるときに限り，この基本原則の例外として，疾病金庫は必要な治療のための費用の全部または一部を負担することができるとされている。ただし，被保険者は疾病金庫が内容を審査し，決定を行えるよう事前に申請しなければならない（Kingreen, 2014: 161）。

2011年には，前述のとおり「国境を越える保健医療サービスにおける患者の権利の行使に関する指令」が施行された。EU指令はすべての加盟国を拘束するが，EU規則のように直接適用可能なものではなく，加盟国の国内法により実施される必要がある。ドイツの場合には，1998年以降に出された欧州連合司法裁判所の判決を踏まえ，このEU指令が制定される以前の2004年に社会法典第5編の改正が行われており，本指令に対応する規定が設けられた（第13条第4項および第5項）。これにより，ドイツ医療保険の被保険者は，他のEU加盟国で医療を受けた場合には，疾病金庫の事前承認なしに費用償還を受けることが可能となった。この場合に償還される費用の額については，その治療がドイツで行われたならば疾病金庫が負担するであろう額が限度とされる。ただし，他の加盟国で受けた入院医療について費用償還を受けるためには疾病金庫の事前承認が必要である。

(3) 開業の自由

① 職業資格の承認に関するEU指令

労働者の自由移動は従属的な就労を行う人の自由移動を保障するものであるのに対して，欧州連合運営条約第49条が定める開業の自由は，自

---

[11] 欧州経済領域（Europäischer Wirtschaftsraum）を構成するアイスランド，ノルウェーおよびリヒテンシュタインを含む。

営業を行う人の自由移動および事業体の立地選択の自由を保障するものである。このため，開業の自由は，公的医療保険に関しては，保険診療に従事する医師などに対して影響を及ぼす。

　これとの関連において重要な意味を持っているのは，特定の職業に関する職業資格のEU加盟国間での相互承認に関する制度である。加盟国間での人およびサービスの自由移動に対する障害を除去することはEUの活動目的の一つとなっている。この目的を達成するうえで，ある加盟国で職業資格を得た者が他の加盟国で当該職業を行えるようにすることは重要な意味を持っている。このため，欧州連合運営条約第53条第1項は，欧州議会および理事会がディプロム，試験合格証明書その他の資格証明書の相互承認に関する指令を制定するものと定めている。

　2005年に制定された「職業資格の承認に関する指令」[12]は，ある加盟国で職業資格を取得した者に対して，他の加盟国においてその国の国民と同じ条件で同じ職業に就き，職業活動を行う保証を与えている。ただし，この場合においても，その国で職業に就き，職業活動を行う者に対して差別的でない職業遂行上の条件を定めることは，それが客観的に正当化されるものであり，かつ，必要性に応じた適度なものである限りにおいて認められる。

　「職業資格の承認に関する指令」により，医師，看護師，歯科医師，助産師，薬剤師などの養成教育に対しては，ヨーロッパレベルでの統一された最低基準が適用される。これらの職業資格に関しては，この最低基準を満たす養成教育の修了証明書が他の加盟国によって自動的に承認される。具体的には，これらの職業資格に関しては，同指令が定める養成教育に関する最低基準を満たし，かつ，当該職業を行うことを認める同指令別表Vに掲げる養成教育修了証明書[13]に対して，他の加盟国で当該

---

[12]　Richtlinie über die Anerkennung von Berufsqualifikationen, RL 2005/36/EG, ABl. L 255 vom 30. 9. 2005, S. 22.

[13]　同指令別表Vにおいて加盟国ごとに定められた期日以降に交付された養成教育修了証明書は，通常の場合，当該養成教育が同指令の定める最低基準を満たしてい

職業活動を行うに当たって，当該他の加盟国で交付された養成教育修了証明書と同じ効力が与えられる[14]。したがって，他の加盟国で交付された養成教育修了証明書を所持する者について，その者が受けた養成教育の内容を改めて審査すること，そのために終了した養成教育の内容に関する詳細な情報提供を求めることは許されない（Europäische Kommission, 2005: 31）。

② 国内法への影響

「職業資格の承認に関する指令」により，各加盟国は，これらの職業に関してそれぞれの国内法で定めている養成教育の期間や内容をこの指令が定める最低基準を満たすように定めなければならない。また，この最低基準を満たす他の加盟国での養成教育を国内法に基づく養成教育と同等のものと認めなければならない。ドイツにおける医師免許などについて規定する法律である連邦医師法（Bundesärzteordnung）第3条第1項は，別表に掲げる他の加盟国の医師に関する養成教育証明書を提示した者は，医師免許を与える条件の一つである「ドイツの大学で6年以上の医学教育を受け，医師試験に合格したこと」を満たす者とみなしている[15]。

なお，ドイツにおいて医師が保険診療を行うためには，ドイツの医師免許を所持するだけでは不十分であり，保険医としての認可を受けなければならない。保険医の認可を受けるためには，医師免許を有すること

ることを証明する。
14) 他の加盟国での資格取得者の資格を承認し，受け入れる国は，その者に対して自国において当該職業を行うために必要な語学力を求めることができる。ただし，この要求は，当該職業の種類に応じて客観的に必要な語学力の限度を超えてはならないとされている。
15) 医師免許を与えるその他の条件としては，医師としての職業遂行に関して体面を汚し，または許されない行為を犯したことがないこと，職業遂行に不適切な健康状態にないこと，および職業遂行に必要なドイツ語に関する知識を有することが定められている。

のほかに，それぞれの専門領域に応じた卒後教育を修了していることが必要となる。また，保険歯科医の認可を受けるためには，歯科医師免許を有することのほかに，2年間の準備期間（Vorbereitungszeit）[16]が経過していることが必要となる。

　トルコの大学で歯科医師の養成教育を受け，ベルギーにおいて，歯科医師にかかる同等の養成教育証明書を有するものと認められ，8年間にわたり歯科医師としての仕事に従事してきたイタリア人がドイツの保険歯科医としての認可をめぐって争った Haim 訴訟の判決[17]において，欧州連合司法裁判所は次のような判断を示した。保険歯科医としての認可の際に2年間の準備期間を求めることは「職業資格の承認に関する指令」に反しない。ただし，準備期間を満たすかどうかの審査に当たっては，他の加盟国で歯科医として積んだ経験などが考慮されなければならない。

3. 競争と公的医療保険

　EU の経済政策は自由競争を伴う開かれた市場の原理に従って行われる。域内市場における競争がゆがめられることがないよう，欧州連合運営条約には競争に関する規定が設けられている。

　このうち，事業体に関する規定は，域内市場における競争を制限するような事業体間での協調行為および市場支配的な地位の濫用を禁じている。欧州連合司法裁判所は，その組織ではなく機能に着目した事業体概念を用いることにより，域内市場における競争を確保するための規定が幅広く解釈および適用されるように配慮している（Schulte, 2008: 711）。同裁判所の一連の判決によれば，競争法における「事業体」の概念には，その法的形態および財源調達方法にかかわりなく市場において経済活動

---

[16]　準備期間として認められるのは，保険歯科医のアシスタントあるいは代理としての業務，病院などで勤務し歯科医師としての業務に従事した期間である。
[17]　EuGH, Rs. C-319/92,（Salomone Haim）, Slg. 1994, I-425.

を行うすべての構成体が含まれる。また，この場合の「経済活動」とは，特定の市場に財またはサービスを提供するすべての活動をいう（Bär-Bouyssière, 2008: 999）。このような事業体の概念に基づけば，公的医療保険の保険者である疾病金庫も，その利潤獲得動機からではなく行う活動が経済活動に該当することにより，「事業体」として EU 法上の競争に関する規定の適用を受ける可能性がある。

　Poucet/Pistre 訴訟[18]では，社会保険の保険者が EU 法上の「事業体」に該当するかどうかが争点となった。この訴訟の原告は，フランスの自営業者を対象とした地方相互扶助金庫（Caisse mutuelle régionale）からの社会保険料支払い命令に対して異議を唱えた。原告は，EU 域内で営業する民間保険会社に自由に加入することが認められるべきであり，地方相互扶助金庫が一方的に定めた条件に従わなければならないことは，EU 法上の競争に関する規定に反すると主張した。これに対して，欧州連合司法裁判所は，次のような理由から，地方相互扶助金庫は「事業体」に該当しないとの判断を示した。この自営業者を対象とした保険制度は社会的な目的のためのものであり，地方相互扶助金庫の活動は，連帯原則に基づくものであり，利潤獲得を目的とするものではない。この保険制度は，すべての加入者に対して，その加入時点での資産の状況，健康状態および収入に応じて支払われた保険料の額にかかわりなく保障を行うものであり，所得再分配をもたらす。また，地方相互扶助金庫は，法的な拘束に従い活動を行っており，保険料額，財政支出および給付範囲の決定に自らが影響を与えることはできない。

　また，AOK 訴訟[19]においては，ドイツの疾病金庫が給付提供者（この訴訟の場合には製薬企業）との関係において「事業体」に該当するかどうかが争点となった。この訴訟では，ドイツの疾病金庫の連合会が定額制（参照価格制度）により有効成分が同一の薬剤のグループなどに対

---

18)　EuGH, Rs. C-159/91; 160/91, (Poucet/Pistre), Slg. 1993, I-637.
19)　EuGH, Rs. C-264/01, 306/01, 354/01, 355/01 (AOK), Slg. 2004, I-2493.

して医療保険からの費用償還額の上限を定めたことに対して，対象となる薬剤を製造している製薬企業が異議を唱えた。欧州連合司法裁判所は，これに対しても Poucet/Pistre 訴訟と同様の判断を示した。それによれば，疾病金庫は，連帯原則に基づき，かつ，利潤獲得の目的ではなく実施される純粋に社会的な使命を果たすものであり，その活動は経済的な活動には当たらない。また，疾病金庫の連合会は法律に規定された上限設定の義務を果たしているにすぎない。上限設定の詳細は法律により定められており，疾病金庫の連合会が独自の利益を追求するようなものではない。このような理由から，この判決では疾病金庫および疾病金庫連合会の事業体性が否定された。

このように，両訴訟においては，保険者が法的な拘束のもとで，社会的な目的のために連帯原則に基づく活動を行っていることが，「事業体」にあたらないと判断される重要な基準として示された。このような考え方に立てば，もし，法律は枠組みを規定することにとどまり，各疾病金庫に給付内容や保険料額などの決定に関してより大きな裁量が与えられることになれば，疾病金庫は経済活動にますます組み込まれるようになる。それによって，疾病金庫についても，「事業体」に該当するとしてEU法上の競争に関する規定が適用される可能性が高まるものと考えられる。その場合には，公的医療保険への強制加入の制度などが競争に関する規定に抵触する可能性が出てくる。実際に，欧州連合司法裁判の判決においても，社会保障のための法定の制度の管理運営を行う組織が上記の基準に部分的にしか該当しないとして，経済活動を行う事業体と認定されたケースがある[20]。

---

20) たとえば, EuGH, Rs. C-244/94 (Fédération française des sociétés d'assurance), Slg. 1995, I-4013.

4. 公共発注と公的医療保険

　公共的な主体は，物品およびサービスの需要者として経済活動に対して相当の影響力を持っている。多くの業種が全面的あるいは部分的に公共的な主体による物品やサービスの発注（公共発注）に依存している。公共発注は，以前から多くの国で積極的な経済政策の手段と考えられ，外国の競争相手との競争において国内経済の保護のために用いられてきた。このため，EUが基本的自由を実行し，域内市場における機能的な競争を確保するためには，公共発注をコントロールする法が必要となる。公共発注に関する各国レベルの法は，本来，公的な資金の経済的・節約的な使用を確保することを目的とする。これに対して，公共発注に関するEUレベルの法では，公共発注に関する市場を他の加盟国の物品・サービス提供者にも開放し，この分野での競争を発展させることが主たる目的となる。したがって，公共発注に関するEUレベルの法は，他の加盟国に所在する公共的な発注者に物品・サービスを提供しようとする経済活動参加者の利益を保護するものである。このために，公共発注に関するEUレベルの法は，物品調達の際に国内の物品・サービス提供者が優遇されることや公共的な発注者が経済的な考慮以外のものに左右されることを排除するものである。

　公共発注に関するEUレベルでの基本的なルールは，「公共発注に関する指令」[21]によって定められている。この指令の対象となる「公共発注者」には，国（連邦），州，地方自治体が含まれることは明らかである。それにとどまらず，欧州連合司法裁判所は，社会保険の保険者も「公共発注者」に含まれるとの判断を示している。その理由としては，社会保険の保険者は社会的な任務を遂行していること，その費用が公課により

---

21) Richtlinie über die öffentliche Auftragsvergabe und zur Aufhebung der Richtlinie 2004/18/EG, RL 2014/24/EU, ABl. L 94 vom 28. 3. 2014, S. 65.

賄われていること，企業的な志向を持たないことがあげられる。また，公共発注のルールの適用対象になる「サービス発注」には，「公共発注者」としての社会保険の保険者が受託者（給付提供者）に対して給付受給権者へのサービスの提供を，その費用を負担して委ねることが含まれる（Eichenhofer, 2015: 247）。

　EUの執行機関である欧州委員会は，たとえば，社会法典第5編第130a条第8項に基づき，個別の疾病金庫または疾病金庫連合会と個別の製薬企業との間で締結される薬剤の値引き契約や「統合供給」のための契約には，公共発注としてのルールが適用されるものとしている（Tiemann, 2014: 128）。公共発注のルールが適用されることにより，これらの契約は対象金額が一定金額を上回る場合には，EU加盟各国での公示など「公共発注に関する指令」に定める手続きに沿って行われる必要がある。

5.　社会保険への影響

　以上においては，物，人，サービスおよび資本の自由移動が保障された内部に境界のない域内市場の実現を目的として行われているEUの取り組みが加盟国の公的医療保険制度に与える影響を明らかにした。もちろん，経済連携の態様は様々であり，EUでの状況が必ずしも経済連携の他のケースについても当てはまるというわけではない。しかしながら，EUでの状況は，経済連携が社会保険に及ぼす可能性のある影響について考える際の重要な基礎となるものであるといえる。

　社会保険を含む各国の社会保障制度は，国内制度として定められ，各国において独自に発展を遂げてきた。各国の制度の基本的な考え方や内容には，それぞれの国の社会，経済，歴史，文化などの違いを反映した様々な相違がみられる。このため，経済連携が推進されるなかでも，このような多様性を有する各国の社会保障制度を統一的な目的や基準に適合させるハーモナイゼーションを行うことについて各国間での合意が容

易に成立するとは考えがたい。また，国をまたがる公的医療保険制度のような複数の国を対象とした社会保険制度が近い将来に導入されるとも見込みがたい。

　だからといって，社会保険を経済連携とは無関係のものと位置づけることは正しくない。経済連携を推進するうえでは，国境を越えて就労すること，事業を行うこと，サービスを提供・利用することをより自由にすることが重要な目的となる。このような観点から，国境を越えて就労する労働者に関する社会保障制度の調整，国境を越えるサービスの提供・利用，外国でサービスの提供に従事する専門職の資格の相互承認，公正かつ機能的な競争の確保などに関して，経済連携の枠内で様々な取り組みが行われることになると考えられる。

　これによって，たとえば，公的医療保険には次のような影響が及ぶことが考えられる。外国で居住するまたは滞在する被保険者に医療の現物給付を行うこと，治療のために外国に行く被保険者に治療費用の償還を行うこと，外国医師の保険医として活動を認めることなどが求められる。さらに，公共発注のルールの適用が求められるとともに，公的医療保険の保険者により大きな裁量が認められるようになれば，公的医療保険の加入義務が競争に関する規定に抵触する可能性が出てくる。

　このように，経済連携のための取り組みを進めることは，各国が自らの責任で定めている社会保険制度の重要な変更につながる可能性がある。したがって，国際的な経済連携を進めるにあっては，物やサービスに関する貿易の自由化をはじめとする経済連携の目的だけでなく，それと人々の生活を保障する社会保険の目的との調和が図られるような方向性を求めていく必要があると考えられる。

むすび

　本書では，新たな時代にふさわしい社会保険のあり方を考えるため，ドイツを中心に，その他の国での取り組みにも触れつつ，社会経済の変化に対応した社会保険の改革に関する議論や実際に行われた改革についての検討を行った。その結果，次の三つのことが重要なポイントとして明らかになった。

　第一は，社会保険の基本原則に関することである。日本では，一般的に，国，地方公共団体あるいは公的団体が保険者として管理運営を行い，一定の範囲の者に法的な加入義務が課され，各被保険者の所得に応じた保険料が徴収されることによって所得の高い被保険者と低い被保険者の間の再分配が行われ，被保険者が被用者である場合には保険料の半分またはそれ以上を事業主が負担し，国庫からの財政的な補助が行われることが民間保険と比較した社会保険の特徴とされる。

　しかし，ドイツなどの社会保険と比較してみると，このような特徴は，日本における現状の社会保険の制度をもとに抽出されたものであり，社会保険を有するいずれの国においても，また，どの時代においても普遍的に存在するものとはいえない。

　むしろ，ドイツなどにおける近年の改革では，社会保険を特徴づけるとされる要素についても，その変更や廃止が議論され，実施されている。具体的には，民間保険会社が保険者として社会保険の管理運営を行うこと（第3章），社会保険に民間保険的な要素を導入するとともに，民間保険に対してその社会的役割に対応した公的関与を行うこと（第2章），「所得に応じた保険料」および保険料の「労使折半負担」の原則を変更すること（第6章）などである。

　社会保険を特徴づけるとされる要素のうち，改革をめぐる議論や実施された改革の対象となっていないもの，つまり，社会保険の特徴として

ゆるぎないものは，各被保険者のリスクの大きさとは無関係に保険料が徴収されることにより，リスクが大きい被保険者と小さい被保険者の間での社会的調整（再分配）が行われることと，それを維持するために必要な強制加入の仕組みに限られている。社会保険を特徴づけるとされる要素の変更・廃止にまで及ぶ改革がさらに進められるとしても，この二つの要素については最後まで維持されると考えられる。もし，これらの要素までが取り除かれれば，もはや社会保険と民間保険の違いがなくなってしまうことになる。

　しかし，その他の要素については，決して社会保険において必須のものとは考えられていない。そのため，その他の要素を維持することは改革の検討に当たっての前提条件とはなっていない。むしろ，変化した社会経済情勢の下で社会保険が期待される役割を適切に果てしていくために必要であれば，その変更や廃止が議論され，実施されている。

　第二は，対応策の方向性に関することである。ドイツなどにおける近年の改革で注目されるもうひとつの点は，社会保険が直面する同様の問題を解決するために，日本とは異なる方向性を有する対応策が議論され，実施されていることである。すなわち，「すべての者による連帯を実現」する目的のために皆保険・皆年金とすること（第1章），給付の質と効率性を向上させるために選択や競争を活用すること（第4章），税財源の対象経費および投入額を明確にするため「保険になじまない要素」という考え方を用いること（第5章），賦課方式の社会保険における子を養育する被保険者の二重負担を避けるため保険料率に格差を設けること（第7章），非正規労働者・自営業者の増加に対応するため事業主保険料などを導入すること（第8章），年金水準の低下による高齢者の貧困を防止するため基礎保障制度を設けること（第9章）などが行われている。

　第三は，社会保険に影響を与える要因に関することである。本書の検討を通じて，各国が国内制度として設けている社会保険制度に対しても，国際的な経済連携の推進などの動きが様々な影響を与える可能性がある

ことが明らかとなった（第10章）。このため，今後の社会保険改革においては，国内の社会経済情勢の変化だけでなく，このような国際的な問題への対応も必要になると考えられる。

　本書は，今後の社会経済の変化に適合することができる社会保険とはいかなるものかを考える新たな視点を提示した。本書が，社会保険を時代とともに変化する動的なものとして捉え，そのあり方を考える一助となれば幸いである。

[引用文献]
Axer P. (2012) Grundfragen des Versicherungs- und Beitragsrechts, in: von Maydell B., Ruland F., Becker U. (Hrsg.), *Sozialrechtshandbuch (SRH)*, 5. Auflage, Baden-Baden, S. 695-722.
Bäcker G., Naegele G., Bispinck R., Hofemann K., Neubauer J. (2008) *Sozialpolitik und soziale Lage in Deutschland, Band 1*, 4. Auflage, Wiesbaden.
Bär-Bouyssière (2009) Vereinbare und unvereinbare Beihilfe, in: Schweize J. (Hrsg.), *EU-Kommentar*, 2. Auflage, Baden-Baden, S. 978-1033.
Baumann M. (2008) *Das Solidaritätsprinzip im schweizerischen Sozialversicherungsrecht*, Zürich.
Becker I. (2013) Die Grundsicherung: Seit 2003 das unterste Auffangnetz im Alter und bei Invalidität, *Deutsche Rentenversicherung* 2/2013, S. 121-138.
Becker U. (2006) Der Sozialstaat in der Europäischen Union, *der Städtetag*, 6/2006, S. 12-16.
Becker U. (2009) Der nationale Sozialstaat in der Europäischen Union: von Einwirkungen und Verschränkungen, in: Bělina M., Kalenská M. (Hrsg.), *Pocta Petru Trösterovi k 70. narozeninám*, Praha, S. 49-61.
Becker U., Kingreen T. (2014) § 69 Anwendungsbereich, in: Becker U., Kingreen T., *SGB V*, 4. Auflage, München, S. 582-606.
Becker U., Schweitzer H. (2012) *Wettbewerb im Gesundheitswesen. Welche gesetzliche Regelungen empfehlen sich zur Verbesserung eines Wettbewerbs der Versicherer und Leistungserbringer im Gesundheitswesen?*, Gutachten B zum 69. Deutschen Juristentag, München.
Bieback K.-J. (2005) *Sozial- und Verfassungsrechtliche Aspekte der Bürgerversicherung*, Baden-Baden.
Bieback K.-J. (2012) Solidarität und Sozialversicherung, *Sozialgerichtsbarkeit*, 01/12, S. 1-8.
Boroch W. (2016) 20 Jahre GKV-Organisationsreform: Was sich bei den Krankenkassen geändert hat, *Gesundheit und Gesellschaft Wissenschaft*, Jahrgang 16, Heft 1, S. 7-14.
Braun B. (2016) 20 Jahre freie Kassenwahl: Was sich für die Versicherten geändert hat, *Gesundheit und Gesellschaft Wissenschaft*, Jahrgang 16, Heft 1, S. 15-21.
Bundesamt für Gesundheit (BAG) (2014) *Faktenblatt vom 25. September 2014.* (media@bag.admin.ch)

Bundesamt für Sozialversicherung (BSV) (2001) *Wirkungsanalyse Krankenversicherungsgesetz-Synthesebericht*, Bern.

Bundesministerium für Arbeit und Soziales (BMAS) (2005) *Sozialbericht 2005*, Bonn.

Bundesministerium für Arbeit und Soziales (BMAS) (2009) *Sozialbericht 2009*, Bonn.

Bundesministerium für Arbeit und Soziales (BMAS) (2011) *Sozialbudget 2010*, Bonn.

Bundesministerium für Arbeit und Soziales (BMAS), (2012a) *Ergänzender Bericht der Bundesregierung zum Rentenversicherungsbericht 2012 gemäß § 154 Abs. 2 SGB VI (Alterssicherungsbericht 2012)*, Bundestagsdrucksache 17/11741.

Bundesministerium für Arbeit und Soziales (BMAS) (2012b) *Statistisches Taschenbuch 2011*, Bonn.

Bundesministerium für Arbeit und Soziales (BMAS) (2013) *Sozialbericht 2013*, Bonn.

Bundesministerium für Arbeit und Soziales (BMAS) (2015) *Sozialbudget 2015*, Bonn.

Bundesministerium für Gesundheit (BMG) (2016a) *Daten des Gesundheitswesens 2016*, Berlin.

Bundesministerium für Gesundheit (BMG) (2016b) *Gesetzliche Krankenversicherung. Kennzahlen und Faustformeln.* (http://www.bmg.bund.de)

Bundesministerium für Gesundheit und Soziale Sicherung (BMGS) (2003) *Nachhaltigkeit in der Finanzierung der sozialen Sicherungssysteme. Bericht der Kommission*, Berlin.

Bundesministerium für Gesundheit und Soziale Sicherung (BMGS) (2004) *Die soziale Pflegeversicherung in der Bundesrepublik Deutschland in den Jahren 2001 und 2002*, Bonn.

Bundesrat (1946) *Botschaft des Bundesrates an die Bundesversammlung zum Entwurf eines Bundesgesetzes über die Alters- und Hinterlassenenversicherung*, Bundesblatt II S. 365-588.

Bundesregierung (2003) *Bericht der Bundesregierung zu den Auswirkungen des Gesetzes zur Neuregelung der geringfügigen Beschäftigungsverhältnisse auf den Arbeitsmarkt, die Sozialversicherung und die öffentlichen Finanzen*, Bundestagsdrucksache 15/758.

Bundesregierung (2004) Bericht der Bundesregierung zur Entwicklung der nicht beitragsgedeckten Leistungen und der Bundesleistungen an die Rentenversicherung von 13. August 2004, *Deutsche Rentenversicherung* 10/2004, S. 569-585.

Demmer H. (2006) Nicht nur die Neuerung sind anders. Krankenversicherungsreform in den Niederlanden, *Die BKK*, 03/2006, S. 114-118.

Deutsche Rentenversicherung Bund (DRV) (2015) *Rentenversicherung in Zeitreihen 2015*, Berlin.

Deutsche Rentenversicherung Knappschaft-Bahn-See (2012) *Aktuelle Entwicklungen im Bereich der geringfügigen Beschäftigung. I. Quartal 2012*.

Deutsches Institut für Wirtschaftsforschung (DIW) (2005) *Gesamtwirtschaftliche Wirkungen einer Steuerfinanzierung versicherungsfremder Leistungen in der Sozialversicherung. Endbericht*, Berlin.

Eichenhofer E. (2015) *Sozialrecht der Europäischen Union*, 6. Auflage, Berlin.

Europäische Kommission (2005) *Benutzerleitfaden, Richtlinie 2005/36/EG*.

Fuchs M. (1997) Verfassungsrechtliche Grundlage in: Schulin B. (Hrsg.), *Handbuch des Sozialversicherungsrechts, Band 4*, München, S. 93-108.

Herdegen M. (2013) *Europarecht*, 15. Auflage, München.

Huster S. (2014) § 73b Hausarztzentrierte Versorgung, in: Becker U., Kingreen T. (Hrsg.), *SGB V*, 4. Auflage, München, S. 626-640.

Igl G. (1993) *Kindergeld und Erziehungsgeld*, 3. Auflage, München.

Just K. (2014) § 173 Allgemeine Wahlrecht, in: Becker U., Kingreen T., *SGB V*, München, S. 1471-1476.

Kingreen T. (2012) *Welche gesetzlichen Regelungen empfehlen sich zur Verbesserung eines Wettbewerbs zwischen gesetzlicher und privater Krankenversicherung*, Referat auf dem 69. Deutschen Juristentag am 19. 9. 2012 in München.

Kingreen T. (2014) § 18 Kostenübernahme bei Behandlung außerhalb des Geltungsbereichs des Vertrags zur Gründung der Europäischen Gemeinschaft und des Abkommens über den Europäischen Wirtschaftsraum, in: Becker U., Kingreen T., *SGB V*, 4. Auflage, München, S. 158-162.

Kingreen T., Kühling J. (2014) *Monistische Einwohnerversicherung*, Baden-Baden.

Kleinfeld R. (2001) Der niederländische Sozialstaat auf dem Weg zum postindustriellen Wohlfahrtstaat, in: Kraus K., Geisen T. (Hrsg.), *Sozialstaat in*

Europa, Wiesbaden.

Knospe A. (2007) Die Attraktivität der geringfügigen Beschäftigung im zeitlichen Wandel politisch motivierter Reformen, *Sozialgerichtsbarkeit*, 1/07, S. 8-16.

Knospe A. (2011) Sozialgesetzbuch. 4. Buch. Gemeinsame Vorschriften, in: Bundesministerium für Arbeit und Soziales, *Übersicht über das Sozialrecht*, 8. Auflage, Nürnberg, S. 91-137.

Kommission für Moderne Dienstleistungen am Arbeitsmarkt (Hartz-Kommission) (2002) *Moderne Dienstleistungen am Arbeitsmarkt*, Berlin.

Kruse J. (2012) § 73b Hausarztzentrierte Versorgung, in: Hänlein A., Kruse J., Schuler R., *Sozialgesetzbuch V*, Baden-Baden, S. 710-719.

Lauterbach K. (2004) Das Prinzip der Bürgerversicherung in: Engelen-Kefer U. (Hrsg.), *Reformoption Bürgerversicherung*, S. 48-63.

von Maydell B. (1998) Social Insurance. An Instrument of Social Security in the Future?, in: Engels Ch., Weiss M. (ed.), *Labour Law and Industrial Relations at the Turn of the Century*, The Hague, pp. 125-140.

von Maydell B. (2005) "Gesetzliche und private Krankenversicherung. Neuere Entwicklungen eines schwierigen Verhältnisses in der Europäischen Gemeinschaft", in: Söllner A., Gitter W., Waltermann R., Giesen R., Ricken O. (Hrsg.), *Gedächtnisschrift für Meinhard Heinze*, München, S. 585-595.

松本勝明『ドイツ社会保障論Ⅰ―医療保険―』信山社，2003年。

松本勝明『ドイツ社会保障論Ⅱ―年金保険―』信山社，2004年。

松本勝明「医療保険の公私関係―ドイツにおける変化と今後の方向―」『フィナンシャル・レビュー』平成24年第4号，90-110頁，2012年。

松本勝明「国境を越える人の移動に対応した医療制度 ―EUにおける取組みと日本への示唆」『年報 公共政策学』第7号，239-253頁，2013年。

松本勝明「第1章ドイツにおける医療制度改革」松本勝明編『医療制度改革―ドイツ・フランス・イギリスの比較分析と日本への示唆』旬報社，19-98頁，2015年。

Ministerium für Gesundheit, Gemeinwohl und Sport (2006) Das neue Gesundheitssystem in den Niederlanden. (http://english.minvws.nl/)

Orlowski U., Wasem J. (2007) *Gesundheitsreform 2007 GKV-WSG*, Heidelberg.

Rixen S. (2014) § 221 Beteiligung des Bundes an Aufwendungen, in: Becker U., Kingreen T., *SGB V*, 4. Auflage, München, S. 1607-1610.

Ross F. (2010) Wahl und Wettbewerb als normative Steuerungsinstrumente für die Krankenhausversorgung in der Schweiz, in: Becker U., Ross F., Sichert M. (Hrsg.), *Wahlmöglichkeiten und Wettbewerb in der Krankenhausversorgung*, Baden-Baden, S. 357-413.

Rürup B. (2007) Steuerfinanzierung in der sozialen Sicherung, in: Ulrich V., Ried W. (Hrsg.), *Effizienz, Qualität und Nachhaltigkeit im Gesundheitswesen*, Baden-Baden, S. 181-203.

Rürup B., Wille E. (2004) *Finanzierungsreform in der Krankenversicherung. Gutachten vom 15. Juli 2004*.

Sachverständigenrat zur Begutachtung der Entwicklung im Gesundheitswesen (SVRG) (2012) *Wettbewerb an der Schnittstelle zwischen ambulanter und stationärer Gesundheitsversorgung. Sondergutachten 2012*, Baden-Baden.

Sachverständigenrat zur Begutachtung der gesamtwirtschaftlichen Entwicklung (SVRW) (2005) *Jahresgutachten 2005/06*, Wiesbaden.

Schlegel R. (2007) Gesetzliche Krankenversicherung im Europäischen Kontext, *Sozialgerichtsbarkeit*, 12/07, S. 700-712.

Schmähl W. (1994) Finanzierung sozialer Sicherung in Deutschland unter veränderten gesellschaftlichen und ökonomischen Bedingungen, *Deutsche Rentenversicherung 1994*, S. 357-378.

Schmähl W. (2002) Aufgabenadäquate Finanzierung der Sozialversicherungen und der Umfang der „Fehlfinanzierung" in Deutschland, in: Boecken W., Ruland F., Steinmeyer H.-D. (Hrsg.), *Sozialrecht und Sozialpolitik in Deutschland und Europa*, Neuwied, S. 605-620.

Schmähl W. (2005) Sozialversicherung auf dem Prüfstand, *Die BKK*, 07/2005, S. 312-319.

Schmähl W. (2007) Aufgabenadäquate Finanzierung der Sozialversicherung durch Beiträge und Steuern, in: Blanke H.-J. (Hrsg.), *Die Reform des Sozialstaats zwischen Freiheitlichkeit und Solidarität*, Tübingen, S. 57-85.

Schmähl W. (2009) Beitrags- versus Steuerfinanzierung im Bismarck´schen Sozialsystem, *Soziale Sicherheit Online*, Ausgabe 2009.

Schräder J. (2008) *Bürgerversicherung und Grundgesetz*, Baden-Baden.

Schröder Ch. (2005) Personalzusatzkosten in der deutschen Wirtschaft, *IW-Trends*, 2/2005, S. 1-12.

Schulin B. (1993) *Sozialrecht*, 5. Auflage, Düsseldorf.

Schulte B.（2007）50 Jahre Römische Verträge. 50 Jahre Europäische Sozialrecht, *ZFSH/SGB*, S. 259-270.

Schulte B.（2008）Pflege in Europa: Teil 1, *ZFSH/SGB*, 12/2008, S. 707-718.

Schulte B.（2009）Pflege in Europa: Teil 2, *ZFSH/SGB*, 01/2009, S. 17-31.

Schulte B.（2010）Problem der grenzüberschreitenden Erbringung und Inanspruchnahme von Gesundheitsleistungen in der Europäischen Union, in: Klein H., Schuler R.（Hrsg.）, *Krankenversicherung und grenzüberschreitende Inanspruchnahme von Gesundheitsleistungen in Europa*, Baden-Baden, S. 95-139.

Schweizer H.（2012）Wettbewerb im Gesundheitswesen. Rechtliche Grundlagen und rechtspolitische Grundfragen, in: Immenga U., Körber T., *Wettbewerb im Gesundheitswesen*, Baden-Baden, S. 35-72.

Sesselmeier W.（2005）*Gesamtgesellschaftliche Leistungen in der Gesetzlichen Renten-, Kranken-, Pflege- und Arbeitslosenversicherung. Abgrenzung und Umfang*, Gutachten im Auftrag des DGB Bundesvorstandes, Landau.

Sociale Verzekeringsbank（2008）*The Dutch State Pension. Past, Present and Future*, Amstelveen.

Sodan H., Schaks N.（2011）Konvergenz der Versicherungssysteme, *Vierteljahresschrift für Sozialrecht*, 4/2011, S. 289-321.

Sozialenquête-Kommission（1966）*Soziale Sicherung in der Bundesrepublik*, Stuttgart.

Statistisches Bundesamt（2010）*Statistiken des Mikrozensus*, Wiesbaden.

Statistisches Bundesamt（2015）*März 2015: 512 000 Personen beziehen Grundsicherung im Alter*, Pressemitteilung vom 6. August 2015-280/15.

Statistisches Bundesamt（2016）*EU-Vergleich der Arbeitskosten 2015: Deutschland auf Rang acht*, Pressemitteilung vom 26. April 2016-143/16.

Streinz R., Leible S.（2008）Einleitung, in: Schlachter M., Ohler Ch.（Hrsg.）, *Europäische Dienstleistungsrichtlinie*, Baden-Baden, S. 23-82.

庄司克宏『新 EU 法　基礎編』岩波書店，2013 年。

Tiemann B.（2014）Europarechtliche Grundlagen der Krankenversicherung, in: Sodan H.（Hrsg.）, *Handbuch des Krankenversicherungsrechts*, 2. Auflage, München, S. 79-136.

土田武史「第 10 章　社会保険と民間保険」土田武史編著『社会保障論』成文堂，209-228 頁，2015 年。

VdAK/AEA（2001）*Risikostrukturausgleich. Zahlen, Fakten, Hintergründe*,

Siegburg.

Verband der Privaten Krankenversicherung (PKV) (2012) *Gut für sie. Gut für alle.* (www.jens-gebele.de/pdf/pkv.pdf)

Verband der Privaten Krankenversicherung (PKV) (2015) *Zahlenbericht der Privaten Krankenversicherung 2014*, Köln.

Verband der Privaten Krankenversicherung (PKV) (2016) *Mitgliedsunternehmen des PKV-Verbandes (Stand: April 2016)*. (www.pkv.de/verband/ueber-uns/)

Walser Ch. (2005) Neue Krankenversicherung der Niederlande, *Zeitschrift für Rechtspolitik*, 8/2005, S. 273-276.

Walser Ch. (2006a) Die Reform der Krankenversicherung in den Niederlanden. Ein Modell für Deutschland?, *Zeitschrift für europäisches Sozial- und Arbeitsrecht*, 9/2006, S. 333-340.

Walser Ch. (2006b) Nach der Gesundheitsreform in den Niederlanden: Eine neue Krankenversicherung für jeden, *Soziale Sicherheit*, 3/2006, S. 87-92.

Walser Ch., (2010) Wahlmöglichkeiten und Wettbewerb in der niederländischen Krankenhausversorgung, in: Becker U., Ross F., Sichert M. (Hrsg.) *Wahlmöglichkeiten und Wettbewerb in der Krankenhausversorgung*, Baden-Baden, S. 275-338.

Widmer D. (2013) *Die Sozialversicherung in der Schweiz*, 9. Auflage, Zürich.

［初出一覧］

第1章……「国際比較の視点から見た皆保険・皆年金」国立社会保障・人口問題研究所『季刊社会保障研究』第47巻第3号，2011年。

第2章……「医療保険の公私関係―ドイツにおける変化と今後の方向―」財務総合政策研究所『フィナンシャル・レビュー』第111号，2012年。

第4章……「メルケル政権下の医療制度改革―医療制度における競争―」国立社会保障・人口問題研究所『海外社会保障研究』第186号，2014年。

第5章……「ドイツにおける社会保障財源の見直し」国立社会保障・人口問題研究所『海外社会保障研究』第179号，2012年。

第6章……「第5章　ドイツ―医療保険財政制度の改革―」西村周三・京極髙宣・金子能宏編『社会保障の国際比較研究―制度再考にむけた学際的・政策科学的アプローチ』ミネルヴァ書房，2014年。

第7章……「介護保険の保険料負担と子の養育―ドイツ連邦憲法裁判所決定を巡る論点」社会保険研究所『社会保険旬報』2110号，2001年。

第9章……「ドイツの高齢者所得保障制度―最低保障を巡る論点」年金シニアプラン総合研究機構『年金と経済』第29巻第3号，2010年。

第10章1., 2. および5. ……「国境を越える人の移動に対応した医療制度―EUにおける取組みと日本への示唆―」北海道大学公共政策大学院『年報　公共政策学』第7号，2013年。

事項索引

【あ】

新たな自営業者 64
誤った財源調達 113, 115, 119

【い】

EFTA 13
医師報酬規定 44
遺族年金・養育期間法 159
一元的居住者保険 68
一般的な連邦補助 110
移動率 96
医療保険基金 22
医療保険法 18, 21, 66
医療保障構造法 84

【え】

AOK 訴訟 220
MISSOC 13
援護・扶助制度 105

【お】

欧州連合運営条約 207, 209, 212, 214, 217, 219

【か】

開業の自由 216
介護保険 145
家庭医を中心とした医療供給 49, 50, 90, 91, 98
家族被保険者 145, 147
環境税 111
環太平洋パートナーシップ（TPP）協定 207
管理委員会 61, 86

【き】

基礎保障 199, 200
基礎保障法 200
基本タリフ 42, 53, 54, 55
給付・反対給付均等の原則 47, 54, 79
競争条件 24, 73, 85, 99
共同連邦委員会 40, 81
僅少労働 167, 171

【け】

経済発展の評価に関する専門家委員会 116
継続的な僅少労働 172, 175
健康基金 69, 95, 112, 137, 139

【こ】

公共発注 222
公共発注に関する指令 222
厚生年金保険 29, 185, 187
公的医療保険供給構造法 90
公的医療保険競争強化法 51, 88, 91, 136
公的医療保険近代化法 91, 136
公的医療保険財政法 139
公的医療保険組織構造発展法 93
公的医療保険における財政構造と質の継続的発展に関する法律 96, 139
公的介護保険 145
公的な介入 80
公務労働者追加保障 193
高齢化引当金 43, 69
高齢者所得保障制度 191, 203
Kohll 訴訟 212
国際競争力 105, 110, 121
国民年金 29
国民保険 31, 52, 68, 70, 72
国境を越える保健医療サービスにおける

患者の権利の行使に関する指令	216	社会保護収入	103
子の養育	145, 147, 152, 154	社会保障制度の調整に関する規則	209
子を養育する被保険者	150, 161	社会予算	105
子のいない被保険者	150, 161	障害・老齢保険	106

【さ】

サービスの自由移動　　　212, 214, 217
最高保険料額　　　　　　　　　　54
再団体化　　　　　　　　　　　　93
最低生活保障　　　　　　　　　191
再分配　　　　　　　　　　　　79

【し】

自営業者　　　　　　　　　168, 182
歯科補綴のための特別の保険料　136
事業体　　　　　　　　　　217, 219
自己給付　　　　　　　　　　　191
資産所得　　　　　　　　　　　129
自主管理を伴う公法上の法人　61, 74
事前の貢献　　　　　　　　108, 202
疾病金庫選択権　　　　　　47, 83, 87
疾病金庫連邦中央連合会　　　　81
疾病現物給付　　　　　　　　　14
児童手当　　　　　　148, 149, 155, 159
児童養育期間　　　117, 119, 156, 158, 162
社会権　　　　　　　　　　　　155
社会国家の原理　　　　　147, 151, 156
社会調査委員会　　　　　　　　64
社会的調整　20, 23, 24, 31, 39, 51, 63, 79, 133
社会的保護の必要性　　　30, 52, 184
社会保険加入義務　　　　　　13, 31
社会保険における修正および労働者の権利の保障に関する法律　　　182
社会保険における選択を競争　　79
社会保険への加入義務がある就労　168, 170, 183
社会保険への加入義務がない就労　168
社会保険料の基本原則　　　　　127
社会保護支出統計　　　　　　　103

就労地法原則　　　　　　　　　210
償還払い　　　　　　　　　　45, 90
傷病手当金のための特別の保険料　136
職業の自由　　　　　　　54, 70, 72, 74
所得比例年金　　　　　16, 26, 29, 106

【す】

垂直的公平　　　　　　　　　　128
水平的公平　　　　　　　　　　128

【せ】

税・移転システム　　　　　　　108
世代間契約　　　　　　　156, 157, 163
選択的契約　　　　　　　　　　50
選択タリフ　　　　　　　　　49, 88

【そ】

相互保険社団　　　　　　　62, 66, 73
相対的貧困率　　　　　　　　　194

【た】

待機期間　　　　　　　　　　　159
代替医療保険　　　　　　　　40, 69
代替金庫　　　　　　　　　　　71
タリフの条件　　　　　　　　　42
短期的な僅少労働　　　　　　　172
団体契約　　　　　　　40, 50, 91, 98

【ち】

地方相互扶助金庫　　　　　　　220
賃金・保険料に比例した年金給付　196, 199, 203

【つ】

追加的な連邦補助　　　　　　　110
通常の就労形態　　　167, 171, 183, 185

事項索引　237

積立方式	42, 47

【て】

定額保険料	22, 67, 132, 134
Decker 訴訟の判決	212

【と】

ドイツ年金保険者連盟	117
統一的な医療保険システム	70
統一評価基準	40, 44
統合供給	49, 50, 90, 91, 223
当事者間での競争	80
当事者団体の間での交渉・合意	80
特別の薬剤治療	90

【に】

二元的医療保険システム	61, 64, 68
任意加入	38, 41, 185

【ね】

年間労働報酬限度	32, 38, 41, 63, 68, 129, 131

【は】

パートタイム就労	167, 170, 197
パートタイム比率	167
ハーモナイゼーション	208, 209, 223
Haim 訴訟	219
派生給付	191
ハルツ委員会	177
反競争制限法	92, 99

【ひ】

非正規労働者	167
非典型的な就労形態	167
被用者に類似した自営業者	183, 186
標準保険	66

【ふ】

付加医療保険	21, 40, 52
付加金	199
扶助基準額	201
フラット年金	17, 28, 29
フルの保険	146

【ほ】

報奨金	49, 51, 90, 92
Poucet/Pistre 訴訟	220
補完原則	31
保険医協会	81, 92
保険監督法	62, 73
保険契約法	52
保険システム	108
保険者の法的形態	71, 75
保険になじまない給付	111, 113, 117
保険になじまない再分配	113, 118
保険になじまない要素	113, 118
保険料還付	49, 51, 90
保険料算定基礎報酬	180, 181
保険料算定限度	114, 127, 146, 149
保険料の算定	152, 158
保険料負担義務のある収入	38, 127, 128, 131, 133, 138, 140, 146, 150
保険料補助	43, 132
保険料率表	42
補足性の原理	203

【み】

見かけ上の自営業者	182
ミニジョブ本部	179
民間医療保険	37, 40
民間医療保険連合会	44, 73
民間介護保険	71

【め】

免責	49, 51, 90
免責額	42, 49, 52, 53

【り】

理事会	61, 86

リスク加算　　　　　　　　42, 54, 55
リスク構造　19, 22, 24, 48, 66, 85, 87, 95
リスク構造調整　　　48, 66, 85, 86, 94
リスク選別　　　19, 24, 48, 85, 86, 87
リスク調整　19, 22, 24, 33, 54, 70, 71
リスクに応じた保険料　51, 56, 67, 72, 87, 113

【れ】

連邦医師法　　　　　　　　　44, 218
連邦カルテル庁　　　　　　　　92, 98
連邦雇用エージェンシー　　　　　128
連邦保険医協会　　　　　　　　　　81

【ろ】

労使折半負担の原則　　　　　131, 141
労働コスト　114, 130, 134, 141, 169, 171
労働市場に関する近代的なサービスのための第Ⅱ法　　　　　　　　　　178
労働者の自由移動　　　　　　209, 216
老齢給付制度　　　　　　　　　　　16

事項索引　239

著者紹介
松本勝明（まつもと　かつあき）

熊本学園大学教授。博士（法学）。1980年京都大学経済学部卒業、厚生省入省。在独日本大使館一等書記官、千葉大学助教授、厚生省福祉人材確保対策室長、マックス・プランク外国・国際社会法研究所招聘研究者、一橋大学教授、国立社会保障・人口問題研究所政策研究調整官、北海道大学教授などを経て、2016年から現職。社会保障の国際比較を中心に研究。主な著作に、『ドイツ社会保障論Ⅰ─医療保険─』（信山社、2003年）、『ドイツ社会保障論Ⅱ─年金保険─』（信山社、2004年）、『ドイツ社会保障論Ⅲ─介護保険─』（信山社、2007年）、Reformen der sozialen Sicherungssysteme in Japan und Deutschland angesichts der alternden Gesellschaft, Nomos Verlag, 2007,『ヨーロッパの介護政策』（ミネルヴァ書房、2011年）、『医療制度改革─ドイツ・フランス・イギリスの比較分析と日本への示唆』（編著、旬報社、2015年）など。

社会保険改革
ドイツの経験と新たな視点

2017年2月10日　初版第1刷発行

著　者	松本勝明
デザイン	佐藤篤司
発行者	木内洋育
発行所	株式会社　旬報社
	〒112-0015　東京都文京区目白台2-14-13
	Tel03-3943-9131　Fax03-3943-8396
	ホームページ　http://www.junposha.com/
印　刷	シナノ印刷

©Katsuaki Matsumoto 2017, Printed in Japan
ISBN 978-4-8451-1498-6